刘顺仁——著

把一招练成绝招

当管理学遇上文艺复兴大师

北京时代华文书局

图书在版编目（CIP）数据

把一招练成绝招：当管理学遇上文艺复兴大师 / 刘顺仁著．
— 北京 ：北京时代华文书局，2016.10
ISBN 978-7-5699-1164-0

Ⅰ．①把… Ⅱ．①刘… Ⅲ．①管理学 Ⅳ．①C93

中国版本图书馆 CIP 数据核字（2016）第 217611 号

北京市版权著作权合同登记号 字：01-2015-7773

把一招练成绝招：当管理学遇上文艺复兴大师

BA YIZHAO LIANCHENG JUEZHAO: DANG GUANLIXUE YUSHANG WENYIFUXING DASHI

著　　者 | 刘顺仁

出 版 人 | 王训海
选题策划 | 胡俊生
责任编辑 | 李　强　杨　洋
装帧设计 | 孙丽莉　赵芝英
责任印制 | 刘　银

出版发行 | 北京时代华文书局 http://www.bjsdsj.com.cn
北京市东城区安定门外大街 136 号皇城国际大厦 A 座 8 楼
邮编：100011　电话：010－64267955　64267677
印　　刷 | 北京京都六环印刷厂　010－89591957
（如发现印装质量问题，请与印刷厂联系调换）
开　　本 | 880mm×1230mm　1/32　　印　　张 | 8.25　　字　　数 | 180 千字
版　　次 | 2017 年 4 月第 1 版　　印　　次 | 2017 年 4 月第 1 次印刷
书　　号 | ISBN 978-7-5699-1164-0
定　　价 | 39.00 元

——献给陪伴我在佛罗伦萨赞叹、沉思、漫步的婉菁——

入宝山，满载而归

许士军 | 逢甲大学人言讲座教授

许多时候，我们每每会遇到人们探讨像“当东方遇到西方……”（When the East meets the West...）这种问题。然而在刘顺仁教授的新著中，他探讨的却是“当管理遇到艺术大师”的问题。这个问题之所以会引起人们极大的好奇心，是因为你无法从管理的表面技巧、程序甚至系统中找到达·芬奇、米开朗基罗或拉斐尔，你必须向管理的最深处去挖掘，一直到达管理的文化层，才会赫然发现那里居然就是这些大师的殿堂。感谢刘教授这位向导，让我们有机会进入这个管理的桃花源！

当管理出现在文艺复兴的大师殿堂

直接地说，将管理视为人类追求“协同合作”绩效的活动来看，这本书所探讨的，乃是有关管理的一个十分根本的问题——到底管理是建构在什么基础之上？传统上，人们总是将管理视为经济学的延伸和应用，重点放在如劳力、土地、资本这些生产要素以及市场和契约机制上，讲求边际效用和价格，认为管理乃是人们理性的表现。

更为极端者，则视管理有如自然科学，其运作可经由数学公式加以描述，并获得最佳答案。但是从刘教授这本书中，我们看到的管理之精髓，乃是文艺复兴所发扬的人文精神，如“精深”（乔托）、“精微”（达·芬奇）、“精壮”（米开朗基罗）、“精密”（拉斐尔）和“精准”（伽利略）。

即使在这些大师中，如伽利略曾认为数学是上帝的语言，但是在刘教授眼中所看到的，却更深一层，代表“精准”的人文精神。诚如他在书中所说：“我们要向文艺复兴这五位大师学习的，不是他们在艺术或科学上的成果，而是创造这些成果的生命动能和心法。”

人文精神才是管理的本质

换言之，也是同样这种生命动能和心法，孕育了管理的根基和精神。这种观点也说明了，为什么作者会在书中最后一章的最后一段，说出这样的结论——“什么是让企业绩效长青的最根本力量？那就是创造对人才只有吸引力没有排斥力的文化、策略与制度。那就是让人性中具有感受与创造的美好本质得到充分发挥。这，就是本书的初衷！”

这种“文化决定生死”（本书第 2 章标题）的观点，同样让我们联想到西方世界的一位社会学大师韦伯（Max Weber, 1864-1920），当他在探索资本主义发展的根源时，他认为，人们追逐利润，乃出于一种富有意义的使命感（calling）所驱使，而不是作为得以享乐的手段。韦伯认为，资本主义这种拼命赚钱而同时又不为金钱所动的精神，乃来自基督教的新伦理精神，这种观点和刘教授所阐扬的人文精神颇有异曲同工之妙。

“惟精惟一”的精髓和核心能力

让我们更好奇的是，虽然引发刘教授这一念头的泉源来自文艺复兴时代的几位大师，但贯穿全书的，却是出自《尚书·大禹谟》中的两句话——“惟精惟一，允执厥中。”在翡冷翠，他将“惟精惟一”的“一”，应用到对文艺复兴大师的认识和了解上，产生“连结”和“对话”，因而产生“尚友古人”的乐趣。对于读者来说，这种“一”——或如刘教授特别引用陈明哲教授的英译“The power of ONE”——应用到管理上，表现为经营者对自己事业本质的掌握。譬如书中曾引用德鲁克的话，美国服务大师（Service Master Co.）这家公司的本质，既不是什么“居家清洁”，也不是什么“居家昆虫防治”，而是“把最没有能力的人训练成有用的人”；或是像亚马逊这家公司的成功在于“沉迷于满足顾客的需要”。同样地，在台湾，这个不变的“一”，也表现在信义房屋所做的事业本质——“信任”——上。

这种“一”，也代表企业拥有的核心能力。尽管像美国的西南航空、日本的京瓷，到台湾的王品和诚品，各有不同的核心能力，但他们的核心能力几乎没有不是建立在自己的某种文化价值之上，才会让书中得到“没有蓝海文化，怎有蓝海策略”这句话。

在刘教授眼中，这就是他在佛罗伦萨三个月所发现的文艺复兴文化——精深、精微、精壮、精密、精准五个面向，提供了管理最深层的基盘。

臻于“无招”的“绝招”

这种“惟精惟一”的绝招，并不是管理上可以“一招走天涯”

的表面技巧或手法，而是属于一种深层的文化内蕴，可以适时适地、随情境而变化无穷的内功和修为。从这面，就让我们想到金庸的《倚天屠龙记》中，张无忌向武当大师学来的武功，必须要等到他将固定招式全部忘记——实际上是已全部内化——之后，才能上阵面对强敌；这种“无招”的“绝招”，更代表在今天变化莫测而复杂的世界中，真正有效的管理本质。

读罢全书内容，猛然觉悟，刘教授在佛罗伦萨三个月的实地观访只能说是提供本书的场景和触媒而已；真正能让这本书写得这么精彩的，乃是透过作者丰富的历史知识、旁征博引的能力，尤其是深刻和锐利的思考能力。否则像一般游客，即使停留一年半载，也不可能将达·芬奇、米开朗基罗和拉斐尔这些大师所表现的精神应用到管理上，更不会因此提出“王道经营会计学”此一主张。

不虚此行的感叹！

正如俗语说，入宝山不能空手而返，刘顺仁教授利用他在2012年春天到欧洲文艺复兴圣地的三个月时间，带回这本《把一招练成绝招》，丰富而精彩的内容，令人读罢不能不感叹，真是不虚此行。

推荐序

赋予中华传统文化现代新生命
落实王道思维为社会创造价值

施振荣 | 宏碁集团创办人

这几年我积极推动王道的理念，也因为有感于社会的半盲文化，往往只看到显性价值（有形／直接／现在），而忽略了隐性价值（无形／间接／未来），因此特别提出“六面向价值总账论”，呼吁大家要从六面向来看待事物的总价值。

也为此，我与本书作者刘教授一起合作推动“王道经营会计学”，就是希望打破西方会计学只重视显性价值的缺失，希望借由推广王道经营会计学的理念与思维，将隐性价值也纳入评估。

由于刘教授曾在欧洲待过一段时间，对欧洲的文化有很深的体会，在本书中，他从欧洲过去的文艺复兴谈起，文艺复兴即使到了今日，因时代的不同，却会赋予许多事物新的生命，成为意大利发展的新契机。

同样的，孟子是在 2, 500 年前提出了王道，如今我们在 2, 500 年后的台湾谈王道，赋予了王道在这个时代的新诠释，从台湾给予这个中华传统文化更新的含义及新生命，以符合现代的需求，进而希望能影响全世界。

当年孟子所谈的王道是“帝王之道”，如今现代的王道谈的则是“大大小小组织的领导人之道”，而王道的三大基本信念就是“永续经营”“创造价值”“利益平衡”，这和《易经》所谈的“天道”（自强不息）、“地道”（厚德载物），以及儒家所谈的“人道”（仁礼而已）等理念是相通的。

我常说，“吾道一以贯之”，虽然我是在这几年才开始推广及使用“王道”这个名词，但我以其核心的精神，不断赋予新的诠释，为“王道”在现代创造出新的生命，也发挥了新的力量，将它应用在许多地方。

中华文化历史悠久，老祖宗留下许多宝贵的智慧给我们，这些宝藏若能在赋予时代意义后善加利用，相信能再度为社会创造全新的价值。

我与刘教授合作的企图心，就是希望能以王道经营会计学，对奉行西方会计学所产生的盲点做一些修正与补强，希望有助于企业及组织的永续发展。

我也要强调一个观念，Accounting（会计）不是“做账”，而是“问责”，西方的会计系以显性价值为主，较缺乏以宏观且全面的角度来看待企业组织的总账，不利于永续经营。也因此我与刘教授携手合作一起推动王道经营会计学，希望能进一步对隐性价值提出合理且可评估的工具。

在本书中，刘教授展现其深厚的文史素养，加上他对于西方会计学有深入的研究，从欧洲谈起，娓娓道来，已有王道经营会计学相关理念的雏形，也提及了问责等重要核心理念，这些理念相信有助于企业及组织的永续发展，进而对国际社会做出更多贡献。在此将本书推荐给各位读者。

目次

缘起

佛罗伦萨的回音

世界愈复杂，心要愈简单；科技愈发达，人性愈重要；路走得愈远，初衷愈珍贵。个人或企业，最好都能回到起心动念的原点，恢复心灵炙热的温度，重现创新求变的渴望。在这本书中，我邀请读者和我一起造访近代文明的初衷。在这里，人性的苏醒是最壮阔的风景。我相信，真诚的体会人性，不论是人的真情、勇气、意志、野心、理智，甚至堕落与腐败，都会是企业竞争力最终极的来源。

我要谈的，是“文艺复兴”（Renaissance，英文翻译成Rebirth），这个运动横跨14世纪到17世纪。我们会在意大利托斯卡纳的艳阳下，在佛罗伦萨（Firenze；英文为Florence，意大利托斯卡纳省首府）中世纪教堂的尖塔旁，认识一群当时的英雄豪杰。他们是艺术家，也是科学家。他们标榜“复古”，是因

佛罗伦萨　By Michael Bertulat [CC BY-ND 2.0]

为渴望创新，而不是怀旧。他们以“复古”作为策略，挣脱“黑暗时代”（由公元 476 年西罗马帝国灭亡至 15 世纪）一千多年以来教会传统的束缚。他们对于想达成的目标，会以令人震撼的旺盛企图心与不顾一切的饥渴，奋力向前。他们的精神与思想，依然深刻的影响现代的企业经营。例如，已故的苹果公司创办人乔布斯（Steve Jobs）曾说：“我喜欢人文与科学的交会，这就是最神奇的地方。苹果能打动很多人的心，是因为我们的创新还有很深的人文渊源。我认为，伟大的工程师和伟大的艺术家很类似。像达·芬奇（Leonardo Da Vinci, 1452–1519）和米开朗基罗（Michelangelo, 1475–1564）这样伟大的艺术家，本身也是科学家。”

但是，我为什么谈文艺复兴？为什么会出现在佛罗伦萨？这个故事要从我巧遇“大师兄”说起。

巧遇“天德黉舍”大师兄

2011 年 7 月，美国弗吉尼亚大学（University of Virginia）的陈明哲教授应邀到台大 EMBA 学程，讲授四整天的“动态竞争理论”。明哲教授是该理论的创始人，国际著名的策略大师，他曾担任全球拥有近 2 万名会员的国际管理学会（Academy of Management）主席（2012–2013），堪称是华人在西方管理学界最高的成就。我很珍惜这次充电的机会，决定重新当起学生，四整天全程参与。上课前几周，我先邮寄了我的几本著作到美国给明哲教授，感谢他允许我列席旁听。正式上课那天，我才刚走进教室，明哲教授就笑容满面地走过来，回赠了一本他的大作《透视中国企业》（*Inside Chinese Business*）[①]。打开扉页，赫然看见明哲教授所提的八个大字：

惟精惟一，允执厥中

这两句话出自《尚书·大禹谟》。传说中，当舜把帝位禅让给禹时，传授给禹的心法，就是这两句话。简单说，这两句话就是尧与舜的初衷，世代传承无私的热情。“一”，是东汉许慎所著《说文解字》中出现的第一个字，代表万事万物变化的根源，造成变化的原理，创造变化的能耐，以及变化后所形成的结果。“一”，最简单也最复杂。文艺复兴的代表人物达·芬奇说的好：“简单是复杂的极致。”（Simplicity is the ultimate sophistication.）“精”，《说文解字》讲得真简要——“择也”，就是选择的态度、选择的方法、选择的能力，以及选择的结果。这两句话，白话文不妨翻译成“在每个选择中守护初衷，让初衷提升每个选择的力

① Chen, M.J., 2001, *Inside Chinese Business: A Guide for Managers Worldwide*, Harvard Business School Press.

量；然后，切记在这个过程中随时保持平衡。”

好艰涩拗口的古文？但又好熟悉！和明哲教授一聊之下，才发现原来我们大学时代，先后都曾在一代大儒爱新觉罗·毓鋆（一般尊称为毓老）的私塾“天德黉舍”中学习中国经典，明哲教授是比我早入塾几年的学长。毓老师讲学超过六十年，弟子逾万人，分布全球各个角落，多为各界精英。2011 年，毓老师以 105 岁高寿辞世。

我们聊起当年听毓老师上四书五经、《史记》《孙子兵法》、《春秋繁露》等中国经典的享受与体悟。毓老师是清朝皇族礼亲王一脉后裔，上课教的并不是词章文字之学，而是强调以古人的智慧来启发今人的智慧，希望学生能在国家政策或个人事业上有所建树。有一次，毓老师问道：“你们知道满洲人最厉害的一招是什么吗？”我们答不出来，他笑着说：“那就是‘以寡御众’！少数民族要统治你们汉人二百多年，很不容易，要有‘术’啊！要用功学习啊！记住，‘不学’自然就会‘无术’。”

又有一次，毓老师讲解《论语》中孔子有关夷狄与华夏的区别时（见《八佾篇》），突然睁大眼睛瞪着我们，问道：“你们见过夷狄吗？”大家愣住了。他用食指指着自己，语气诙谐地说：“仔细看看，我就是夷狄，如今夷狄安在哉。哈哈！”现在回想起来，总算是了解老师的深意。清朝靠权术统治汉人，但我们这些年轻的汉人子弟，后来却靠着清朝皇族后裔，来重拾中华文化的精髓。长期中，文化的力量真是无与伦比啊！

明哲教授也是“惟精惟一”的忠实信徒，对于这句古文，他提供了一个美妙的英文翻译——“The power of ONE”。他说：“这三十几年来，我只问一个问题，那就是‘什么是竞争？’；这一辈子，我只专心做一件事，那就是教育。”动态竞争理论，其实就像《孙子兵法》的企业版，或者像是金庸武侠小说中高手在华山论剑的攻防。简单来说，企业在竞争过程中一来一往，攻守交织，拳来脚往。要发起攻击的人，首先要确定谁是主要对手，然后要思考有没有需要或者何时需要打对手一拳，以及这一拳应该打在哪里，打得多重，打得多快。对响应者来说，也必须进行类似的思维，因此知己知彼格外重要。明哲教授非凡之处，在于以身教来阐述如何实践知己知彼的功夫。例如，在正式上课前，明哲教授会先收集每个学生的详细资料，上课时他不仅能够立刻叫出学生的名字，甚至还能对学生的工作或生活嗜好等细节侃侃而谈。这种谦虚敬业的态度与身体力行的功夫，让大家极为惊艳。

在佛罗伦萨深思“惟精惟一”

在文化上，影响近代人类文明最重要的“一”，是意大利的文艺复兴运动，而要体验文艺复兴的震波，最好的地点就是佛罗伦萨。因为，佛罗伦萨是当时一群最杰出的人才心灵的汇集点。不管是一篇诗歌、一座雕像、一幅绘画，或者是一只简陋的望远镜，都是认识文艺复兴的钥匙。此外，我的专业“会计学”的“一”，也是来自佛罗伦萨到威尼斯一带；因为这是当时欧洲经济最繁荣的地方，迫切需要一套记录、分析商业活动的语言。因此，为了“惟精惟一”的研究，我利用2012年的例行教授休假，安排了三个月（由3月到5月）的佛罗伦萨文化参访之行。

因为一个奇妙的因缘，我在佛罗伦萨拥有一个特殊的补给站，协助我进行“惟精惟一”的思辨。2004年6月初，我带一团EMBA同学到意大利和法国参访设计相关产业，第一站就是佛罗伦萨。第一天行程的重头戏，是参观著名的乌菲齐美术馆（Galleria degli Uffizi）。大约下午一点左右，师生四十多人在乌菲齐前面排队，等候导览员带我们入馆参观。佛罗伦萨的艳阳把大家晒得热汗直流，我正好摘下眼镜清洁镜片，猛一抬头，发现二十多米前，有一个面容清丽、身形窈窕的女子，挥舞着双臂，热情地和我打招呼，“她是谁？我怎么一点印象都没有？”我感到十分错愕。我身旁一位EMBA男同学极为担心，小声地对我说：“老师，糟糕了！他乡遇见旧情人，师母正好在身边，这场面要怎么收拾？”说时迟那时快，婉菁兴奋地冲了出去，和那位女子抱在一起，又笑又跳。原来，她不是我的旧情人，倒是婉菁二十多年没见面的大学好友吴美龄。当年，只知道美龄到意大利留学，一去就再也没有消息，怎知道今日能在乌菲齐前重逢。细问之下，才知道美龄和她的先生在佛罗伦萨经营一家很成功的中国餐厅，美龄本身也是一个经验丰富的当地导游。因为原来预约的乌菲齐导览员临时有事，才由美龄代班，也造就了这么戏剧性的重逢。在往后几天，美龄除了和我们分享阔别二十多年以来的生活种种，也发挥她的专长，以佛罗伦萨的历史文物，为我们上了好几堂精彩的文艺复兴思想史及艺术史。

在这次的佛罗伦萨之行，美龄除了行前协助我们安排住宿之外，也以她精湛的意大利文，替我翻译及解释相关的数据及文件，是我最好的文化学习教练。

一卡在手古城悠游

在佛罗伦萨，我使用频率最高的研究帮手，是一张很少人知道的小卡片，叫做“乌菲齐之友”（Friends of Uffizi）卡。它是个一年期的会员卡，只要加入“乌菲齐之友”协会，赞助乌菲齐美术馆的艺术品修复计划，就能拥有一年内免费自由进入乌菲齐参观的权利。更棒的是，同样的权利也包括进入美第奇（Medici）

家族捐赠给佛罗伦萨的其他12家博物馆。价钱多少？一点也不贵，个人会员只要60欧元，家庭会员（包括父母与两个小孩）只要100欧元。靠着这张小卡片，我在佛罗伦萨大小博物馆中通行无阻。通常乌菲齐美术馆前总是大排长龙，入馆动辄要等候两、三小时。每次我从容地掏出“乌菲齐之友”卡，在警卫面前晃两下，

乌菲齐美术馆 By Chris Wee [CC-BY-2.0]

警卫就立刻移开隔离绳索放我入馆，让一堆游客羡慕至极。

乌菲齐在 1560 年开始建造，原来的用途是作为托斯卡纳大公爵科西莫一世（Cosimo I）的办公室，1765 年才成为对民众开放的美术馆。乌菲齐的收藏以绘画为主，作品大致上按年代排列，很容易让人体会文艺复兴时代美学观念与艺术技法的演进，真是研究文化与艺术的宝库。除了艺术收藏，乌菲齐二楼有一个艺术史图书馆，一楼有一个内容非常丰富的艺术书店。书店分内外两区，外区提供较为通俗的艺术书籍，主要供观光客采购；内区提供大部头、较专业的艺术书籍，主要供研究型的读者阅读与购买。我每天必定进入乌菲齐，甚至一天可进去好几回。有时候，一幅画我一看就是一两个小时；有时候，我在书店一待就是一下午。我经常在不同的展览室，听不同的导游对作品做不同的介绍。疲倦的时候，我喜欢站在乌菲齐回廊的窗户旁边，远眺阿诺河（Arno

乌菲齐之友卡

River）上一座座美丽的桥梁，和一座座经历过中世纪、斑驳的古老教堂。我专心做一件事，就是对文艺复兴时代的大师们说："中国古代先贤出了一道考题，题目是'惟精惟一对现代企业的启示'，请你们好好申论一下！"

我下定决心，要持续骚扰这一群已经作古几百年的意大利人，直到他们交卷为止。

大家都需要"文艺复兴"

每个企业都需要向文艺复兴学习。它代表的是一种活化既有资源的能力。更具体地说，文艺复兴之于企业的意义是：

> 通过有目的、有方法、有纪律的管理流程，以协同合作的力量，让企业中已经存在的资产，以更创新、更有价值的方式重新呈现，并带动企业创造过去没有的创新产品、服务、流程与解决方案。

其实，在经营管理中谈文艺复兴的启发，就好像在医学领域中进行"干细胞"的研究。在文艺复兴时期，个别的"产业"的意大利文是Arte；包括好几个产业的"产业公会"则称为Arti。"产业"与"艺术"在文字上会如此接近，是因为在手工业时代产品其实也就是工匠所创造的艺术品。在工业革命后，大量化与标准化的生产方式成为主流，产品与产业离艺术也就愈来愈远。艺术就像干细胞，什么都不是，但什么都可能。爱因斯坦曾说：“逻辑帮助你由A点到B点，但想象力帮助你到达任何地点。”爱因斯坦并进一步说：“与其说我是科学家，不如说我是艺术家。”因为在他的层次，像艺术家般的想象力，远比知识重要。同理，在创造新的商业模式或竞争策略时，想象力也远比既有知识重要。

此外，每个人也都可以从文艺复兴中吸收养分。它代表的是一种与人类历史上伟大心灵产生连结、获得启发的过程。2005 年，乔布斯在他著名的斯坦福大学毕业典礼演说中，提到连结人生中一个个“点”（dots）的重要性。他说道：“你无法连结未来的点，你只能连结过去的点。你必须相信这些点，靠着直觉、命运、生命或神明等多重的力量，未来总会连结在一起。而这种连结之道，从未让我失望，它让我的人生截然不同。”其实，乔布斯的“连结过去之道”，就是文艺复兴的精髓。此外，“连结过去”也有重要的策略意涵。策略大师波特（Michael Porter）认为，绝大多数企业最初的成功，来自于独特的定位与完整的配套活动。随着时间经过与追求成长的压力，企业与其竞争对手互相模仿，最后变得愈来愈没有独特性。重新找回策略独特性的一条可行之道，就是回顾公司的历史，思考“公司创始者的愿景是什么？当初是什么样的产品和顾客造就了公司？向后看，我们可以重新检视创业时的策略是否依然可行，以及确认过去的历史定位是否适合现在的技术与实务？”

在佛罗伦萨的那三个月，呼吸行走之间，常常觉得文艺复兴时代的这些大师，虽然距今已有五六百年的时间，但是透过他们的作品，我们仿佛能直接对话，在心灵上的距离是如此接近。这种过去与现在同时交会的感动，令我低回许久；这种“上友古人”的乐趣，是写作这本书最大的动力。

这趟文艺复兴之旅，对我专业的启发极大。例如，在这本书接近完成的时候，我开始和宏碁集团创办人施振荣先生进行“王道经营会计学”的研发，并建立起初步的思考架构（详见本书第 8 章）。王道经营会计学根植于中华文化的价值观与核心理念，融合了西方会计学的分析架构，可以说是会计学的文艺复兴。此外，由 2014 年秋季班起，我开始在台大管理学院讲授“会计与《孙子兵法》”课程，讨论如何利用财务揭露（财报、法人说明会资料等）达到知己知彼的目标，进而帮助企业在竞争中决胜。这些都来自于淬炼古人智慧所吸收的创新能量。

以下，让我们开始这段聆听佛罗伦萨回音的文艺复兴之旅。

第1章

“惟精惟一”的力量

把生命和灵魂聚焦在做好一件事情上，就能发挥“惟精惟一”的力量。

文艺复兴时期的大画家波提切利（Sandro Botticelli, 1445-1510）在1485年创作的《维纳斯的诞生》（The Birth of Venus），是佛罗伦萨最美丽的一幅画，也是他生命和灵魂的聚焦点。波提切利的“一”，就是“对于美生死不渝的爱慕”。

在画中，爱神维纳斯由爱琴海的一扇大贝壳中冉冉升起，两位天使在旁边吹入生命的气息，带动维纳斯及膝的长发轻轻飘动。裸体的维纳斯，更是打破中古世纪近一千年来不许在绘画中出现裸体的禁忌。这幅名画，有“乌菲齐的蒙娜丽莎”之称。

画中的维纳斯，虽然很美，但隐约流露出一股忧郁的神情。为什么呢？因为在波提切利眼中，一切美好的事物，都只是短暂的存在。相传画像中的维纳斯，所根据的形象，是当时号称文艺复兴第一美女的西蒙妮塔（Simonetta Vespucci）。西蒙妮塔诞生于热那亚（genoa，在佛罗伦萨西南边）的贵族家庭，15 岁嫁到佛罗伦萨。据说，她的美貌立刻风靡全城，波提切利也为她深深倾倒。因此，当她年仅 22 岁就因为肺结核香消玉殒时，全城有数千名男子自动为她送葬致哀。西蒙妮塔死后第九年，波提切利画出了《维纳斯的诞生》。再过二十五年后，垂垂老矣的波提切利，请求西蒙妮塔的夫家，让他死后埋葬在他永恒情人的脚下。有趣的是，他的请求竟然被应允了。

2012 年 5 月，在一个充满阳光的下午，我进入位于佛罗伦萨西边的诸圣教堂 （Church of Ognissanti）参观。神父引导我走到西蒙妮塔夫家的小教堂，告诉我文艺复兴第一美女就安息于此。而小教堂左面的墙角边，有一个平镶本地上的圆形墓碑，上面刻着波提切利的名字。一代大画家如他所愿，朝朝暮暮陪伴着他心中美的偶像。神父指着墓碑旁陈列的两小束鲜花，说道：“仰慕波提切利艺术的观光客很多，因此这儿常常有鲜花供奉。”

别认为波提切利永恒的倾慕，只是一个浪漫的历史故事，我倒是被它背后的情怀深深打动——如果这辈子你只能追求一件事，有什么东西会是你永恒的向往呢？波提切利用生命与灵魂所追求的“一”，就是“爱与美”。

为你打造美丽的传家宝

当一个家族把四代人的生命和灵魂聚焦在做钟表时，够不够说服你买他们的表当做传家之宝？

对于钟表，我是外行。但 2011 年在瑞士最著名的山城采尔马特（Zermatt），有幅钟表广告海报，却深深引起我的好奇心：一对父子深情相望，父亲戴着手表，底下有一行小字：“你其实从未真正拥有百达翡丽（Patek Phillips），你只不过是替你的下一代暂时看管它。”百达翡丽的产品定位清楚强烈——这是一只传家之宝。

有趣的是，到了它的大本营日内瓦（geneva），什么产品广告都看不到，百达翡丽只是大力宣传它的博物馆。当我去参观时，博物馆四楼正在举办特展，主题是日内瓦在明、清之际输出到中国的对表；三楼则是日内瓦17至19世纪的钟表精品收藏；最后，二楼陈列着百达翡丽由1839年创立至今的经典作品。博物馆传递的讯息清楚强烈——日内瓦拥有全世界最傲人的钟表工艺传统，而百达翡丽正是这个传统最具代表性的典范。

苏菲是我参观博物馆的导览员。她特别强调，公司保存着创立一百七十多年以来，每一款钟表的设计图与零组件，并且拥有许多大师级的工匠。因此，任何年代的百达翡丽钟表，公司都能替顾客维修到近乎完美的状况。导览结束后，我还待在博物馆内久久不忍离去。苏菲带完最后一个团体，正要准备下班，看到我还在参观，就热心地再给我做了一个私人导览。有一段苏菲自己的告白，令我十分感动："五年前，我刚开始接下这个工作。那时才想起父亲曾经留下一只百达翡丽。打开保险箱，拿出那只十五年没碰过的手表。我试着上了一下发条，就在那瞬间，秒针开始走动。父亲的爱，仿佛由秒针中排山倒海地传来。从此，每当我想念父亲时，我就会戴着那只表。"苏菲的感受清楚强烈，百达翡丽不只是手表，它是父亲爱的化身。

第二天，我进入有双层警卫监控的百达翡丽日内瓦本店，我的欲望清楚强烈——我想要拥有一只百达翡丽。但我的欲望很快就被浇熄了，因为最阳春[①]的百达翡丽，起码也要60万台币。我

---

① 指性价比好。——编注

波提切利约 1484 年创作的《维纳斯的诞生》，现收藏于乌菲齐美术馆。

位于诸圣教堂中西蒙妮塔夫家的小教堂——摄影 / 刘顺仁

波提切利安眠在西蒙妮塔的脚下——摄影 / 刘顺仁

有种冲动，想为店员上一堂成本会计学：“这种没有研发创新成本的老式腕表，材料加上人工成本，怎么算都不应该卖这种价钱，简直就是暴利！”价格昂贵也就罢了，店员还很客气地道歉，我有兴趣的表款，几乎都必须等上三个月到一年。因为百达翡丽一年只能生产约5万只表，根本就是供不应求（2012年营收约为7.65亿欧元，因其未上市，利润不详）。

走出表店，日内瓦的艳阳照得我晕头转向。但有一种体会很清楚强烈——百达翡丽其实应该归为文化创意产业，而不是钟表业。它有精准的策略——把产品打造成传家宝；它有强大的执行力——在平均高达1,200道的工序、600小时的品管检验、30天的组装后测试，在实践质量的完美后，才能冠上百达翡丽的品牌。它更善用瑞士与日内瓦卓越的工匠文化传统，诉说世代间传承的建立与爱的故事。而这种高明的说故事能力，也让百达翡丽的怀表在2014年11月的苏富比（Sotheby's）拍卖会上，创下2,400万美元的世界最高钟表拍卖纪录。

什么是百达翡丽的“一”？跟波提切利一样，也是“爱与美”——亲子传承之爱、极致工艺之美。而实现这个愿景最重要的事，是当一个有独立自主（independence）灵魂的钟表工匠（watchmaker）。1839年，百达翡丽创立于日内瓦；1932年，原

百达翡丽结合计时、万年历、月相功能的腕表　By Rama [CC-BY-SA-2.0-fr]

创业家族因为不堪大萧条（the Great Depression）所造成的亏损，将公司股权转卖给斯特恩家族（Stern family）。斯特恩家族原是百达翡丽的零组件供货商，负责生产表面（dial）。史坦家族的出价并非最高，能在几组竞争经营权的团队中脱颖而出，主要是因为对工匠精神（craftsmanship）的坚持，与创业家族契合。蒂埃里（Thierry Stern）是斯坦恩家族经营百达翡丽的第四代，他回忆自己从小就被父亲耳提面命，家族传统中有一件最重要的事——只有独立才能掌控自己的命运。百达翡丽强调要有自己的哲学思想、管理实务、工艺标准及未来愿景。百达翡丽的股权完全由家族所拥有，绝不上市。此外，百达翡丽要以坚定稳健的投资，来保持在产业中技术的领先地位，绝不因为追求短期获利，而牺牲长期目标。

百达翡丽所坚持的钟表工匠精神，表现在对极致美学的追求。蒂埃里经常想起父亲的叮咛：“几百个零件和谐的运作，只能让钟表拥有正常功能；但美才能赋予钟表真正的生命。”蒂埃里童年最美好的回忆，是坐在父亲的大书桌前，看他小心翼翼地把玩一只只珍藏的百达翡丽三问表（minute repeater，能报时、报刻、报分）。三问表融合机械的精准、造型的优美、声音的和谐为一体，是蒂埃里的父亲心目中工艺的极致。当蒂埃里在 2012 年接班时，他也接下这份历任总裁的独特工作。当制表大师满意音簧的声音，并在测音室比对过音纹合乎百达翡丽的标准后，就可以向总裁展示他创作的三问表；而总裁会亲自聆听并确认，三问表每一只音锤敲击簧条时，都要能发出清脆完美的声音；过关后，总裁才签名认证，完成最后一道品管手续。

但不要以为工匠精神只是技术上的专注与精进，百达翡丽近年来更加强与顾客情感上的连结。例如，过去百达翡丽的营销，强调的是父亲将手表传承给儿子；目前新的重点则是鼓吹妈妈把手表传承给女儿。为什么妈妈一定要传承珠宝、首饰给女儿呢？手表不会比较贵，且比较有实用价值，佩戴时又相对低调。未来，我也不会意外百达翡丽鼓励女士偶尔戴戴男表，那是怀念爸爸；男士偶尔戴戴女表，则是纪念妈妈。百达翡丽聚焦在亲情、传承这些最基本的情感元素，并且利用卓越的工艺来激发人类对追求永恒的渴望。当然，价值的创造，很自然的就会转化成价格的提升。

认清什么是你的“一”

彼得·德鲁克（Peter Drucker, 1909–2005）在“惟精惟一”上的功力，在以下这个案例中发挥得淋漓尽致。1989 年，美国服务大师（Service Master Co.）的董事长波拉德（William Pollard），率领公司整个董事会的成员，到德鲁克加州的家中来登门请益。开会时，德鲁克以这个问题开场："可不可以请大家说一下服务大师到底是做什么事业的？"每个董事的回答都不一样。有人说："我们是做居家清洁的！"有人说："我们是做居家昆虫防治的！"还有人说："我们是做居家草皮维护整理的！"

听完一轮发言后，德鲁克直截了当地说："诸位先生，你们都错了！你们并不了解自己的事业。你们真正的事业，是把最没有能力的人训练成有用的人。"

波拉德听完非常震撼。的确，服务大师其实是"杂务大师"。它拥有八大服务品牌，正式员工约有 2.7 万人，约聘员工约有 3 万人；是美国财星 500 大（Fortune 500）中，服务类企业的第一名。服务大师提供个人与企业顾客许多他们不想自己做的居家清洁、草皮整理、昆虫防治、灾后复原等工作，这些工作通常是琐碎、无聊甚至是肮脏的。因此，服务大师招募的员工，有许多是职场竞争力较差的社会边缘人，如何激励、训练他们来圆满地提供优质服务，是公司极大的挑战，也是公司的核心能力。波兰德后来宣称，服务大师之所以能成长为营收超过 32 亿美元的企业，这个洞见帮助极大（服务大师原为上市公司，2007 年被私募基金以 55 亿美元购买后下市，目前营收与获利不详）。

2006年，已经从职场退休的波拉德，出版了一本很有深意的书——《侍奉两个主人：神与利润的省思》（*Serving Two Masters: Reflections on God and Profit*）。波拉德是一个虔诚的基督徒，在经营事业时他面对了这个难题。圣经《马太福音》第6章第24节中，有这么一段经文："没有人能事奉两个主人。他或是要恨这一个，而爱那一个，或是依附这一个而轻忽那一个。你们不能侍奉神而又侍奉钱财。"波拉德发现，当服务大师的"一"定位在"把最没有能力的人训练成有用的人"时，他个人的宗教信仰、企业伦理与获利就都得到平衡。

德鲁克以具有看见事物本质（也就是这里所谓的"一"）的智慧著称。当被问到这种智慧是怎么来的，德鲁克回答说："它来自知性上的真诚（Intellectual honesty）。"德鲁克指的是能以客观的角度看见事物的真相，而不是以自己想要的角度看见事物。要如何锻炼自己"知性上的真诚"呢？德鲁克提出一个具体的办法，就是反问自己以下这个问题："什么是组织最需要做的事（特别是在就任某个新职务的时候）？"根据这种认知，会很自然地形成自己的"惟精惟一"之道："什么是我的第一要务与责任？"简单而言，德鲁克教导我们，要把"我"拿掉才能看见"一"。

德鲁克认为，在美国历史上行"惟精惟一"之道最具代表性的政治领袖，是第33任总统杜鲁门（Henry Truman, 1884–1972）。1945年7月，杜鲁门参加了波茨坦会议（Potsdam Conference）。他惊觉到，第二次世界大战结束后，美国最重要的问题是国际事务。出身美国密苏里州（中西部）的他，相对于丘吉尔（Winston Churchill）或斯大林（Joseph Stalin）这种老谋深算的政治领袖，对此类议题特别缺乏了解。首先，杜鲁门承认自己的无知，需要学者与专家的协助；接着，他系统性地执行重大外交政策，而其核心主轴是对抗与围堵苏俄。期间不管是建立联合国、进行重建欧洲的马歇尔计划等，看起来是很多事，其实都是一件事。德鲁克常说，在他漫长的识人历史中，能从头到尾做好一件事的政治或企业领袖，已是少之又少；更不要说是想做好两件事或三件事了。

通用电气公司的“一”

通用电气前执行长韦尔奇（Jack Welch），被《财富》（*Fortune*）杂志票选为20世纪企业最杰出执行长。他曾说：“通用电气的核心能力不是制造飞机引擎，也不是医疗设备或金融专业，而是培养人才的能力（development of people）。”2002年，韦尔奇从通用电气退休，开始著书立说，传授他经营管理的思想。2009年，他创立了杰克韦尔奇管理学院（Jack Welch Management

Institute），利用在线教学，继续实践他对培养人才的使命感与热情。

2013年，韦尔奇回顾自己过去三十多年来的职业生涯时，发现所有杰出的企业领袖与高阶主管都有一个共同特质，他称之为“慷慨基因”（generosity gene）。韦尔奇所谓的“慷慨基因”，指的是“对部属的成长充满热情，乐于看见并协助部属成功，乐于让部属加薪和升官”。相对的，“我没有看过一个偷窃部属点子，吝于奖励部属，或嫉妒部属晋升的长官，可以有很大的发展。”他以园丁作为比喻：“慷慨的领袖像一个园丁，播下种子后，一手浇水施肥，一手拔掉野草（指绩效不彰、惯吃大锅饭者），他对自己一手照顾的花朵充满热情！”

韦尔奇是一个求胜至上、热情积极、充满能量的西方企业领袖。但他培养人才的态度与方法，其实就是孔夫子的“一”，也就是“仁”。以韦尔奇的园丁论而言，浇水施肥的那只手，施展的是“夫仁者，已欲立而立人，已欲达而达人”（《论语·雍也篇》）的招式。他不是口头说说而已，他创立“通用电气学习中心”，每年投入至少10亿美元的预算，进行员工培训。而韦尔奇拔掉野草的那只手，施展的是“唯仁者能好人，能恶人”（《论语·里仁篇》）的招式。对此，韦尔奇有一个很独特的观察。在通用电气学习中心，他每年都会对公司各阶层经理人，提出这样子的问题："通用电气是否对不称职的经理人太过宽容？"他发现高阶主管绝大部分说"No"，而阶层愈低者，回答"Yes！"的比率愈高（接近40%）。他惊觉，较基层的经理人，因为接近实际执行面的运作，会更容易看到"不劳而获"的状况。这代表企业内部吃大锅饭的问题，通常比高阶主管自己想象的严重许多。韦尔奇的原则二十年如一日："对高阶主管每年做四次坦诚的评估，竭尽所能的奖励绩效最好的前20%，好好的鼓励接下来的70%效法前20%，淘汰最后面的10%。"仔细再想，要正确地判断谁称职、谁不称职，需要"智"；要果断处理不称职的主管，需要"勇"。光是"拔野草"这一招，其实就是"智""仁""勇"的结合。

CEO要能定义"一"

2012年9月24日，全球第一条绿能汽车公路正式启用。这条公路由挪威首都奥斯陆（Oslo）通到瑞典边境，是挪威北极公路（Ishavsveien）的最南段。挪威的目标是，公路沿途的电动车快速充电站要具有全球最高的效率，并且能为目前市面上所有不同厂牌的车辆充电。

挪威一向以重视环境保护闻名，目前电动车占所有车辆约

7%，比率为全球之冠。为了绿能汽车公路的建置，挪威派了一个小组到台湾，考察一间电子公司，因为这家电子公司参与该市电动车充电站的竞标。虽然这家公司在技术、规格与成本各个层面都具备优势，但由于挪威是欧洲重视环保议题的领导国家，奥斯陆市政府希望得标厂商本身也是表里一致的环保企业。考察的结果令奥斯陆代表团十分满意，这家公司也顺利拿到了标案。这家公司就是台达电。

2000 年，台达电已经是全球最大电源供应器厂商。它陆续收到国际大客户 IBM、惠普、SONY 等公司寄来的问卷，想了解台达电落实企业社会责任（Corporate Social Responsibility，CSR）的情形。台达电虽然本来就重视 CSR，但要进行有系统的 CSR 揭露，还要满足国外客户实际到厂区稽核的信息要求，董事长郑崇华还是决定亲自领导 CSR 实践的工作，带队到各事业部和厂区查核，辅导上游厂商一起达到 CSR 标准，并出版有明确数据的 CSR 中、英文报告，寄给国外客户。2005 年，台达电成立 CSR 管理委员会，更有系统地处理 CSR 的相关事务。郑崇华更宣示自己不仅是执行长（Chief Executive Officer），也同时担任环保长（Chief Environmental Officer）。简单地说，作为创业家与 CEO，郑崇华在宣示台达电的“一”就是“环保”。强调环保目前已经是热门话题，几乎没有哪家公司会说自己不重视环保，关键就在于实践的深度与持续性。目前台达电事业的发展与布局，主要围绕在能源节约与管理，以及创造绿能智慧生活的解决方案。例如，台达电目前已经拥有10座有国际级认证的绿建筑。根据统计，建筑物的能源消耗占全球能源消耗的四分之一到三分之一。以绿建筑作为绿能智慧生活的具体展示，台达电可以把自家的招数通通用上（例如空调节能解决方案、照明节能解决方案、电梯节能解决方案等）。

2013年，齐柏林以航拍电影《看见台湾》震撼了大家的视觉与保护环境的观念，堪称是台湾有史以来最具影响力的环保纪录片。齐导演除了要克服航拍的技术层面问题，还要面对另一个大问题——资金。他感慨地说："我们一路找资金，一路碰壁，在向台达电做简报前夕，我们公司几乎没有飞行的经费。""还好这一路上遇到很多贵人，我觉得自己很幸运，第一个贵人是台达电的郑崇华董事长。"郑崇华所捐助的3,000万元，成为开拍《看见台湾》的资金火种。

除了环保之外，企业伦理大概是另一个没有人会反对但又没有多少人会真正在乎的议题。2012年，有一家台湾企业开风气之先，成立企业伦理办公室，而且创办人自己兼任新设的伦理长（Chief Ethic Officer）一职。这件事并没有引起社会太大的关注，因为企业伦理沦为企业八股，中外皆然。例如，2001 年爆发举世震惊的财务弊案的美国安然公司（Enron Corporation），它核心价值的第一条就是“诚信”（integrity）。

这家清楚说出它的“一”就是“企业伦理”的企业，是台湾房中业龙头信义房屋；这位把信义定义为“该做的事，说到做到”的伦理长，就是周俊吉董事长。以现代企业管理创业的角度来看，没有卖过房子怎么可能创办房屋中介公司？但以中华文化的观点，“言忠信，行笃敬”是做人的根本，会让你到处走得通。这个道理摸透了，周俊吉才会自信地说：“其实我没有策略，信义房屋经营的永远是‘信任’。”1989 年，信义房屋领先产业推出“不动产说明书”，把所托售房子的各项事实详细列出。周俊吉提出这样的问题：“如果买卖一台几千元、几万元的照相机都必须附上产品说明书，为什么买卖一间几百万、几千万的房子可以不要说明书？”现在来看，提供不动产说明书是理所当然的事，很难想象这个做法一开始就触礁——卖方不愿房子的缺点曝光，抽单改由其他中介商销售；自家中介员工担心制作说明书太花时间，延误了商机。第一年，业绩衰退了三成，但周俊吉继续坚持下去。第二年，房地产市场衰退，中介同业业绩大幅萎缩，“信任”这个因素开始发酵。愈来愈多的买方希望借由不动产说明书，得到更充分的房屋信息，因而找上信义房屋；愈来愈多的卖方发现不充分揭露房屋的信息反而不利于成交，也找上信义房屋。逆境中，信义房屋的业绩成长近50%。2012年，信义房屋推出“凶宅成交保证”，其实也是“经营信任”理念的持续实践。如果把经营信任当成是一种差异化的策略，却不能把诚信的精神贯注在每个商业流程与个人行为中，这种差异化也没有实质意义。

强调环保的台达电2013年获利新台币160亿元，强调企业伦理的信义房屋2013年获利新台币25亿元，都创下历史新高。这证明，在长期中，透过“惟精惟一”的经营智慧，善念的确可以转化成竞争优势。

第一天的力量

美国中生代的企业家，行“惟精惟一”之道最让我欣赏的，是亚马逊（Amazon.com）执行长贝索斯（Jeffrey Bezos）。每年，我都会充满期待的阅读亚马逊年报的致股东书，而贝索斯总是以同样一段话结束这封书信：“如同以往，谨附上我1997年（上市第一年）的致股东书。我们的做法没有改变，我们谨守初衷（It’s still Day 1）。”亚马逊的初衷有两点：

1. 股东长期价值的创造。

2. 沉迷于满足顾客的需要。

贝索斯并没有夸下海口，认为这就是竞争的不败法则，他说：“当我们把初衷之心发挥到极致，我们不必等待外在竞争压力出现，就有一股内在的动力让自己改善服务，降低价格，以及发明创新。”我称贝索斯的招式为“第一天的力量”，也可以叫做“初衷的力量”。

贝索斯“一”的起点，是极端重视消费者的购物体验。贝索斯鼓励顾客直接写电子邮件给他（jeff@amazon.com）。贝索斯会把顾客的抱怨，加上一个令大伙胆战心惊的符号“？”，再转寄给相关主管。这个“？”，像是启动公司内部的一颗定时炸弹。这些主管在必须几小时内对这个问题发生的原因和解决方案提出深入的说明报告，由资深经理人评估后，几天内，必须呈送给贝索斯做最后的裁决。

2010 年年底，出现一个很经典的案例。一位顾客直接向贝索斯反映，他只不过是浏览一下亚马逊情趣用品的产品目录，之后他就收到一大堆各类情趣商品的电子邮件广告，令他感觉非常尴尬。这个看似细微的小事，却让贝索斯十分震怒，召集好几位资深副总来讨论对策，最后决定针对若干具有敏感性的产品，全面禁止电子邮件的营销活动。

有一次，一位员工在年度大会中非常不解地问道："为什么整个团队碰到这个'？'的邮件，就必须放下手边的任何事情立刻响应，弄得方寸大乱？"熟悉贝索斯想法的高阶主管如此回答："每个顾客抱怨的个案都非常重要。因为这代表顾客替我们的服务流程所做的抽验（audit），我们把它们当成极宝贵的信息。"

贝索斯是一位懂得怎么和资本市场沟通的超级高手。对于零

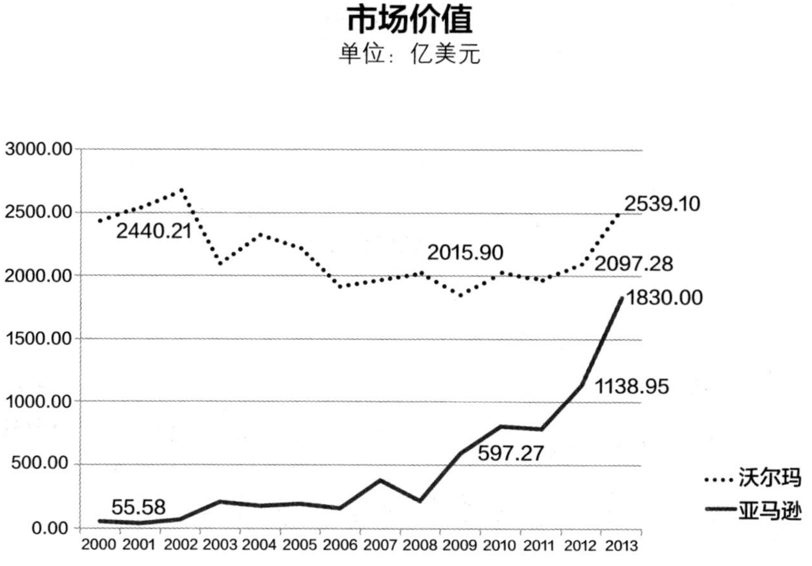

售通路，财务分析师喜欢有成长而且获利稳定的公司，全球最大的零售商沃尔玛（Walmart）就是模范生。上市四十多年来，沃尔玛一直保持营收获利成长，它的“一”很简单——“省更多，活更好。”（Save money, Live better.）它的财务稳定性令人佩服，股东权益报酬率始终维持在 20% 至 22% 左右。沃尔玛的营收逼近 4,500 亿美元，获利则接近 160 亿美元。

相对的，亚马逊的财务数字自 1997 年上市以来，简直像搭云霄飞车：2000 年左右网络泡沫时，曾经大亏 14 亿美元，2010 年

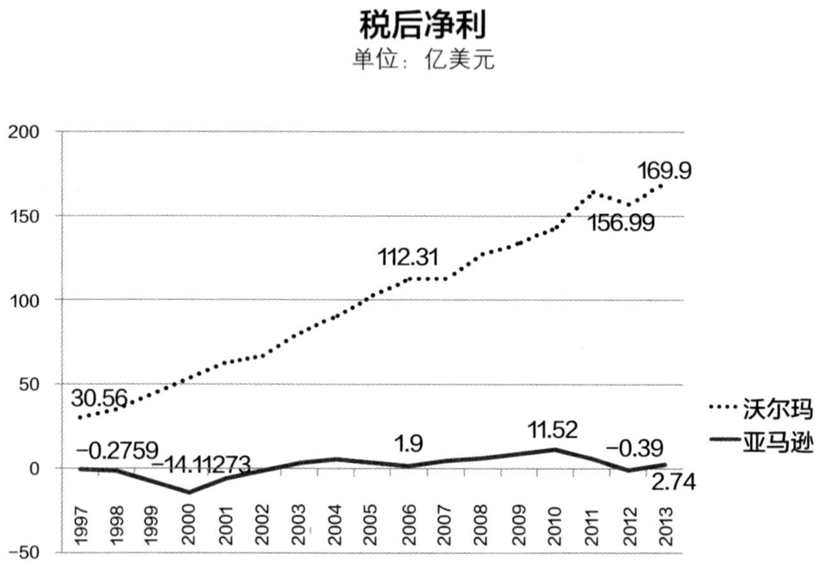

则大赚 11.5 亿美元，但 2012 年却又让投资人跌破眼镜，亏损 3.04 亿美元。虽然如此，市场对亚马逊的前景仍然大为看好，目前市值约为 1,150 亿美元，接近沃尔玛的 60%。贝索斯早就不断向市场喊话，说亚马逊重视的是长期价值而不是短期股价。他经常引用本杰明·格雷厄姆（Benjamin Graham，巴菲特的老师）的名言："在短期中，股市是投票机；在长期中，股市是体重机。"投票机会因为投资人短期间的乐观或恐惧而大幅起落，而体重机则建立在企业长期间客观的营收与获利。曾经有分析师如此挖苦贝索斯："在我的认知里，亚马逊是一个只想到消费者利益的非营利组织。"他认为亚马逊在信息科技和顾客服务上投资过多，赚到顾客的心，却损伤了投资人的权益。贝索斯则认为在进步神速的电子商务市场，追求近利的心态很容易造成自己被新的竞争者赶过去。他顾客第一的做法，长期来看，与股东利益的增进完全一致。

相对的，亚马逊展现的是充满企业家精神的"惟精惟一"。亚马逊创业之初是网络书店，过一阵子它逐渐变成无所不卖的网络商城。2004 年，为了赚点补贴闲置产能的小钱，亚马逊开始出租部分的信息产能与仓储空间，财报也开始出现极小金额的"其他所得"。在电子商务的大趋势下，"其他所得"快速成长，于是会计科目改成"服务收入"。2013 年，亚马逊的服务收入剧增到 135 亿美元，占总收入的 18%；亚马逊逐渐成为许多中小型电子商务公司创业与管理的好帮手。他们设计与亚马逊有足够差异化的服务内容来争取顾客，通过购买亚马逊的信息与仓储服务来处理订单、出货、退货等管理事宜。这种与亚马逊既合作又竞争的关系，让亚马逊不再只是单一企业，而成为一个平台生态圈的盟主。经营这个生态圈量大且复杂的交易关系，让亚马逊“云端服务”的本领愈发高强。2013 年，亚马逊居然大爆冷门打败 IBM，抢走协助美国中央情报局（CIA）建构内部云端架构的大型标案（详见第 5 章）。亚马逊的种种快速变化，其实都是由“沉迷于满足顾客的需要”这个不变、单纯的“一”中产生的。

结论与警惕——“一”是不断创新成长的生命力

1977 年，有一次高三的班导师（也是语文老师）用浓浓的厦门腔，郑重其事地对全班同学说：“我林宣生送你们一句话：‘博学多才，不如专精一才。’所谓‘螣蛇无足而飞，鼫鼠五技而穷’（《荀子·劝学篇》）。”

我听不太懂，下课后去追问。林老师补充说明：“螣蛇没有脚，竟然练到能飞，工夫下得多深！杜甫说：‘读书破万卷，下笔如有神。’读万卷书，若不消化，反而读死脑袋。关键是那一个‘破’字！万卷书读破了、读通了，就成为一卷书。至于鼯鼠，相传有五种技能。它能飞行但飞不上屋顶，能爬树但爬不上树梢，能游泳但游不到河对岸，能挖地洞但深度不够藏身，能走路但快不过别人。你看看，鼯鼠练了五招都没用，还不如把一招练成绝招。”当时才18岁的我体会不出其中的深意，但直到现在，我仍忘不了宣生老师当时笑眯眯的提醒：“顺仁，要记住啊，荀子的结论是‘君子结于一也’。意思是说，要想成功，心志一定要归结于专一才行。”

其实，“精”与“一”的关系，好像是DNA的双螺旋结构，相互缠绕，相辅相成。刚开始，有个清楚的“一”，可以帮助我们做选择；接下来，“精”于选择，可以帮助我们看见另一个更高层次的“一”。“惟精惟一”的力量，来自于能把心法变成办法，由办法变成制度；制度能传承也能变革，变革成为顺应时势的文化。

凡是杰出的企业，都是“惟精惟一”的实践者。但要特别警惕，可能会因为工匠精神（追求价值与完美）太强，企业家精神（追求成长与获利）不足，在发展上策略过于保守，或被趋势淘汰。例如，佛罗伦萨拥有全世界第一家香水专卖店，叫作“圣塔玛莉亚诺维拉”（Santa Maria Novella, SMN）。SMN 成立于 1612 年，其前身是 13 世纪修道院的药草部门，花卉药草等原料则全部取材于托斯卡纳省。历史与文化，让 SMN 充满思古幽情。例如，如果你指定要闻 1533 年刚满 14 岁的凯瑟琳·梅第奇公主嫁给法国亨利王子（后来继位成为弗朗西斯二世）时身上的香味，SMN 会递给你一瓶卡萨琳皇后香水，并且保证绝对忠于当初呈献给公主的配方。SMN 因为产量受限，质量精良，价格十分昂贵，但在全球拥有一批忠诚的拥泵。SMN 成立超过四百年，全球专卖店只有四十多家，成长极度缓慢（但这也正是 SMN 独特迷人之处啊）。本章所讨论的百达翡丽，创立 175 年来，完全聚焦于高级钟表（非钟表产品只有搭配男士衬衫用的袖扣），独特性极强，但营业规模的成长性也不高。此外，像百达翡丽这种瑞士家族企业，在 1975 至 1985 年间，因为日本精工表等公司带来的石英表风暴，倒闭者极多。因此，以发展企业而言，公司组织还是比较容易成功。我在第 6 章会进一步讨论瑞士钟表业规模最大的 Swatch Group 的经营模式。

相对而言，本章讨论的亚马逊，虽然初衷不变，但能以处理大量数据的核心能力为主轴，因应电子商务市场爆发性的成长，不断快速地改变营业项目，使得营收由 1997 年上市时的 1.5

亿美元，成长到 2013 年的 740 亿美元，极为惊人。这种企业（Google 也属同类），很明显是以企业家精神克服工匠精神限制的典范。

简单来说，工匠精神的长处在于坚持核心能力，但短处则是不善于因应市场变化；企业家精神的长处在于能迅速掌握市场变化的商机，但短处则在于经常忽略核心能力的建立。

参考数据

1. Stone, B., 2013, "The Secrets of Bezos: How Amazon Became the Everything Store." *Bloomberg Business*, October.
2. 郑崇华口述、张玉文采访整理，《实在的力量——郑崇华与台达电的经营智慧》，天下文化，2010 年。
3. 李蓓洁，《信任带来新幸福——信义房屋的故事》，天下文化，2009 年。
4. Drucker, P.F., 2006, "The Effective Executive−The definitive guide to getting the right things done." *Harper Business*.

第 2 章

文化决定生死

什么是佛罗伦萨最振奋人心的作品？我会毫不犹豫地回答：“大卫雕像”。

1504 年，27 岁的米开朗基罗在工寮睡了两年多，夜以继日雕琢不懈，终于完成了大卫雕像。当时，巨大的雕像用马车拉了四天，才由 1 公里外的工寮搬运入城。雕像开箱之日，那种精气神饱满的青春魅力，立刻造成轰动。

大卫雕像的真迹，目前展示在佛罗伦萨的美术学院（Accademia di Belle Arti）中。在弧形的圆拱屋顶下，以白色大理石雕成，高约 5.2 米、重达 6 吨的大卫像，显得格外巨大英挺。在艺术学院中，我不知道花了多少个小时，由各个角度，在不同时

矗立于佛罗伦萨美术学院的大卫雕像　By Justin Ennis@flickr

段，凝视着这尊雕像，心中充满着“英雄出少年”的赞叹。

旧约圣经中记载的大卫，是以色列王国的第二任国王。在文艺复兴时期，颇流行雕刻大卫战胜敌方巨人哥利亚（Goliath）后庆祝的场面。米开朗基罗则另辟新径，呈现大卫准备和哥利亚决战前的神情。除了是公认的伟大艺术品外，大卫雕像在当时其实还担任文化宣传的角色。为何如此，且听我道来。

凝视你的竞争对手

大卫雕像原本的“上班”地点，不是博物馆，而是当时佛罗伦萨共和政府市议会的大门口。市议会位于领主广场（Piazza della Signoria）上，是当时的政治中心。领主广场上所有的雕像，头都转向西南方。因为在当时的意大利半岛上，各个城邦间冲突非常激烈。比佛罗伦萨更富强的两大敌人，是西边的比萨（Pisa，拥有港口，以贸易致富），和南边的锡耶纳（Sienna，前往耶路撒冷朝圣的必经之地，拥有欧洲最早的银行）。佛罗伦萨政府希望每天在广场上进出的官员与民众，都能像大卫一样不畏惧巨人，而且盯紧对手的动态。

因为深思所以无畏

旧约中描述，哥利亚出来叫阵谩骂 40 天，以色列阵营没有人敢出战。大卫因为相信神，所以敢对哥利亚说：“你来攻击我，靠的是刀枪和铜戟；我来攻击你，是靠着万军之耶和华（指上帝）的名。”（《旧约·塞缪尔记》第 17 章）米开朗基罗的大卫像，没有强烈的宗教气息，强调的是人的意志与谋略。决战前的大卫，外表看起来平和放松，但由手臂上凸出的血管与鼓起来的肌肉，可以看出决战前一触即发的紧绷情绪。米开朗基罗把大卫的脑袋雕刻得异常大，象征着大卫的无畏，不是鲁莽，而是来自深思熟虑后的勇气。

善用工具执行带劲

除了勇气外，大卫制胜的关键是善用工具。大卫的左手，抓着一只皮制弹弓（sling，又称投石器），右手掌则大得非常夸张，握着一颗准备投射的石头。弹弓与石头的背后大有深意。没有它们，就没有正中巨人眉心的雷霆一击。它们代表西方人对决胜的重要观点——再原始的工具，如果使用得当，都能发挥无比的力量。我教大学部的“会计学原理”时，很喜欢用大卫雕像让学生讨论“弹弓与石头”的管理意涵。我最钟爱的答案是——“弹弓与石头”广义一点代表会计系统，狭义一点代表财务报表，是管理上最基础的工具。

此外，雕刻大卫像所使用的大理石，是一块有严重裂痕的被许多艺术家认为无法雕刻而废弃了四十多年的大理石。然而，米开朗基罗以无比的热情与卓越的技艺，将废石化为不朽的艺术。大理石的裂痕，米开朗基罗把它隐藏在雕像右下方的背面，一般人根本不会察觉。目前博物馆馆方以计算机全天候监控这条裂缝，避免它再扩大。大卫像仿佛在说“天生我材必有用”。但重点是如何发挥自己的优点，防御自己致命的缺点。

大卫握着石头的巨大手掌象征高度的执行力
By Guzm á n Lozano@flickr

佛罗伦萨共和政府市议会

领主广场 By MatthiasKabel [GFDL]

佛罗伦萨共和政府市议会大门口的大卫雕像 By Joanbanjo [CC-BY-SA-3.0]

YHS
REX REGVM ET
DOMINVS
DOMINANTIVM
DAMIEN
HIRST
FOR
THE

七言绝句中的大卫精神

大卫是西方文化中以无畏的精神、年轻的活力、有效的使用工具击败强敌的代表人物，而美国是全世界最会孕育“大卫”的国家（例如微软、苹果、Google、脸书等公司的创办人）。但实践“大卫”文化，其实不论中外、不分年龄。例如，全球半导体设计大厂联发科技董事长蔡明介所写的这首七言绝句，我觉得就很“大卫”：

胜败兵事在谋攻，审势谋断是长才。
联发基层多才俊，誓领吾众再登峰。

2009年，联发科山寨手机的成功，获利达到人民币76亿元，创下历史新高。但接下来，联发科却因误判智能型手机崛起的速度，营收连续两年大幅衰退。2011年，联发科的获利只剩下人民币28亿元。资本市场开始担心，联发科将沦为“一代拳王”，从此一蹶不振。上述这首诗，写的是蔡明介事业低潮时的决心。这个“誓”用得好！当老板发誓要再登顶峰，公司上下才能重拾战斗决心，迅速检讨错误（例如，忽略顾客需求、失去当初的创业精神），聚焦于智能型手机的布局。在衰退两年后，联发科重回成长扩张之路，2013年的获利恢复到人民币57亿元。

但别忘了，面对智能型手机芯片全球第一高手高通（Qualcomm Incorporated，2013 年获利 63.85 亿美元），老板敢发“誓”，是因为“基层多才俊”。也就是说，除了最高领袖之外，企业需要更多大卫型的基层人才。

西南航空基层也有一个大卫

除了大卫雕像以外，另一个让我印象深刻的大卫，全名是大卫·荷姆斯（David Holmes），是美国西南航空的基层空服员。大卫是个黑人，2008 年 8 月进入西南航空服务。2009 年，他很意外的在网络上一夕暴红。原来，他在当菜鸟空服员时，把沉闷无趣的例行飞安介绍编成一首饶舌歌，在机上现场表演。一名乘客用手机拍下来并送上 YouTube 后，佳评如潮。

在影片中，只见大卫拿起麦克风，对刚入座的乘客说道：“大家知道我们西南航空做事跟别人不太一样！我们有些空服员很会说笑话，有些人光站在那边就美美的，但这些本领我都没有。我只会一点饶舌歌，但我需要一些观众参与。好吧，大家举起双手开始打拍子：对！对！保持这种节奏就可以……”

接着，大卫抑扬顿挫的念唱着“起飞饶舌歌”，内容幽默、节奏流畅，绝对可以媲美职业歌手，而且飞安规则一点都没有遗漏。最后，他还不忘消遣一下竞争对手："我敢跟你们保证，在联合航空（United Airline）的班机上，绝对没有这种服务！"

其实，这种取悦客人的特殊服务，在西南航空是家常便饭。例如 2008 年 12 月，我搭西南航空由旧金山飞往赌城。该班机的空服员在介绍机上的服务时说道："如果您只想喝汽水吃花生，我们会免费供应；如果您想喝鸡尾酒的话，您不会被判刑，只会被要求付费（You will not be judged, but you will be charged.）。"空服员夸张的强调"judge"及"charge"的谐音，再加上 charge 除了"收费"之外，还有"被起诉"的意思，乘客们爆出一阵哄堂大笑，令我迄今还印象深刻。

西南航空的核心竞争力，当然是建立在超低的票价以及安全又准时的航班等"硬绩效"。例如，我 2008 年的赌城之旅，开车要花七到八小时；车租、保险、汽油等费用加起来，一趟起码 150 美元。而我搭一大清早的西南航空，飞行一个半小时，机票 69 美元，成本优势显然易见。但上述这种员工一起来搞笑的作为，是更难以模仿的"文化优势"。

西南航空有一个"三合一"的制胜方程式：

1. **战士的精神（Warrior Spirit）：** 这个精神包括勤奋工作、渴望成为最好、大胆无畏、展现急迫性等特质。在竞争白热化的航空业，战士的积极性绝对是必要的。

2. **仆人的心（A Servant's Heart）：** 这种精神与儒家的恕道相通——用你想被对待的方式对待别人，若能如此，一切就会自动到位。西南航空创办人凯勒赫（Herb Kelleher）相信："最好的领袖同时也是最好的仆人，我尽力让公司变成这种样子。"为了彻底执行"仆人的心"此一理念，他除了每个月一次亲自到基层与员工一起工作（甚至有时候会去协助搬运行李），也要求高层经理人"下乡"，亲自体会订票、搬运行李、机场领导等工作，然后每季向他汇报心得。凯勒赫认为应该把员工摆在第一位，因为"如果我们用对的方式对待员工，员工就会用对的方式来对待公司以外的人，而正是这些人在使用公司的产品"。

3. **搞笑的态度（Fun Luving Attitude; luving 是 loving 的德州口音）：** 尽管处在高度竞争的航空业，西南航空最独特的地方是爱搞笑。以上所描绘起飞前西南航空员工那种充满能量的飞安说明，经常令人捧腹大笑。西南航空希望员工 have fun、别太严肃，庆祝每次的成功、热爱工作，成为充满热情的团队成员。欢乐的气氛，是协同合作（collaboration）最好的润滑剂。人手不足时，西南航空的飞行员可以帮忙推餐车，不会高高在上。这是其他航空公司看不到的现象，也是企业文化看不见的竞争力。

当中层干部愿意赌上他的头

中层干部承上启下，是企业执行力的重要来源，拥有“大卫文化”十分重要。

2012 年，我到美国加州参访一家著名的台湾电子公司，Kevin 是该公司的中层主管。当 Kevin 向我简报业务时，特别提到正在开发一项新产品，非常具有竞争力。他突然对我说：“虽然有好几家世界级的公司也推出这种产品，但我们的产品真的很棒。您回台湾碰到董事长时，可不可以请他再多给我一点资源，我愿意拿我的头做保证，我一定可以打败这些对手。”回台湾后，我向这家公司的董事长提到这件事。他笑了起来，说道：“这种年轻人的拼劲非常可爱。在创业初期时，这样的人特别多。这种干部需要主管特别的关心与辅导。除了给他资源试试看以外，万一事情没有做成，也要让他能够反省，当初是什么因素没有考虑周全。”

当中层干部像 Kevin 一样，争先恐后的跳出来立军令状、赌脑袋，这就是“大卫文化”的具体表现。

把文化打造成竞争利器

王品集团的董事长戴胜益，是台大 EMBA 第 101 期的同学，而我刚好担任该班一年级时“管理会计”的教学。在课程结束后，我开始参与他所提倡的“EMBA 登百岳”活动（其实在学三年期间，目标只有“十岳”）。从此，我们见面的时候大都是在山上。戴胜益是个演讲奇才，擅长用简单的观念搭配生动的故事，让听众从头笑到尾，留下深刻的印象。

2013 年 11 月，我们一起爬玉山时，他谈起最近的一场演讲，颇有挫折感。不久前，他应邀为一群来自大陆的连锁餐饮创业家演讲。没想到，开讲还不到五分钟，一个团员就不太客气的打断他，说道：“戴先生，您讲这些我们并不爱听，我们想听的是更具体的问题。例如，王品会提拨多少钱给员工分红，王品如何支付餐厅的厨师等。”

戴胜益从未遇见这么直接的打断，他有点无奈地回答说："这些非常具体的激励制度，你今年做，明年竞争对手就会模仿抄袭，这种竞争优势只能维持一年。但如果你策略正确，那么竞争优势可能持续十年。如果一间公司能创造文化上的优势，这种优势极难模仿，大概可以保持三十年以上的竞争优势。你们为什么要这么在意一年的竞争优势，而不在意三十年的竞争优势呢？"

日本京瓷创办人稻盛和夫（1932-），是另一个强调文化重要性的企业领袖。2012 年 12 月 2 日下午，我受邀参加"盛和塾"台湾分塾的开塾典礼。盛和塾的宗旨，是研究稻盛和夫先生的管理思想，全球一共有 64 个分塾，七千多个企业家塾生。当天，稻盛和夫演讲的题目是"我对人生的看法"。简单地说，他认为人生是一连串锻炼"美丽之心"（所谓的"真我"）的自我抉择历程，而"企业规模绝不会超过经营者的器量"。因此，经营者必须不断提升自己的人格、哲学、思想。听一个八十多岁的老人家以极为平稳的口气，诉说着再熟悉不过却又直指人心的观念，内心有着极大的感动。

稻盛和夫笃信中华文化，他提醒经营者重视"修德"的力量。稻盛和夫认为，一般人常以为自己在做判断时，完全是凭着理性，其实不然。他认为人在做推理时，若基于善心，往往可以一眼透视事情的核心，不容易出错；但是若基于恶心时，则理智常会遭到蒙蔽，造成错误的结果。目前的管理教育，建立在西方理性决策的传统上（例如策略学上著名的五力分析），并不考虑心念的善与恶会有什么影响。心念之说虽然不容易做实证分析，但根据我自己的经历与观察，我相信稻盛和夫的“修德绩效论”。其实，西方管理学者也意识到重建企业伦理的急迫性。例如，策略大师波特教授近年来大力鼓吹企业必须“创造分享价值”（creat shared value），也就是说，企业在规划、执行策略时，必须同时增进企业本身与所处社群的利益。这种共利共荣的思维，与稻盛之道相合，将成为东西方修正目前企业伦理不彰的重要思潮。但可千万不要误会稻盛和夫只会“温良恭俭让”，稻盛对日本低迷的经济所开出的药方是：“现在的日本最需要的就是‘可恶，我岂会认输’的斗争心，也就是所谓‘燃烧的斗魂’（fighting spirit）。”由这点看来，这位八十多岁的老先生，其实心态还很“大卫”。

没有蓝海文化怎有蓝海策略

2005年，W.钱·金和莫博涅（W. Chan Kim, Kenee Mauborgne）合著的《蓝海策略》（*Blue Sea Strategy*），是全球最畅销的管理书。经理人对书中所强调如何找到未被开发的蓝海市场（uncontested market），同时做到价值创新及成本降低，避开红海市场中厮杀的血本无归等议题令人充满向往。但是对大多数企业而言，即使知道蓝海在哪里，他们恐怕也到不了，因为他们背后没有“蓝海文化”的支持。现在大家所津津乐道的蓝海策略成功案例，都不是在一朝一夕之间以开策略会议的形式想出来的。相对的，蓝海策略的形成，通常会经历一段相当长时间的盲目摸索。即使在存活的压力下挣扎，也要能够不去做“Me too”的事，最终才能通过苦思找到突破点，发展出成功的商业模式。而支持一个人走过进入蓝海前的黑暗期的，并不是理性的策略思维，而是价值观、信仰、品味、风格等文化元素。

例如，如果诚品书店创业的初衷是“开一家很会赚钱的书店”，就绝对不可能会有今天。诚品集团董事长吴清友表示，诚品能发展出目前的营运模式，都要感谢过去有十五年的亏损经验，让他在困顿中看见如何生存。吴清友说，他当时想创立诚品，是因为在阅读中得到许多宝贵经验。诚品的成立对他而言是生命的议题，而不是生意的议题。吴清友有句话非常有味道：

> 没有商业，诚品是活不下去的；没有文化和创意，诚品是不想活的。

吴清友表示，诚品当初因为长期苦于无法获利，后来才发展出复合式商场的模式；但诚品仍期许是一个深具社会价值的文化生活产业，结合心灵、艺文、美学、餐旅、时尚、设计、创意，以文化为基底，带来美好生活。不把盈利作为书店经营的最高目标。这样的理念，让诚品书店在传统书店逐渐被网络书店淘汰的今天，维持着亚洲最大书店的地位。

诚品以书店的文化品位为核心的策略，绝对不是花钱请来麦肯锡这种国际级顾问公司就想得出来的。这种所谓的策略洞见（strategic insight），就是苦思的结果。大凡从事研发创新工作的人，都会有类似的经验。

有一次，我受邀到施振荣先生创办的“王道薪传班”上课。我准备了一张投影片，上面引用了某位知名人士的话：

> 我喜欢做跟别人不一样的东西，我喜欢做反差很大的东西。

我请学员猜猜看这两句话是谁讲的。因为施振荣先生就坐在台下，而且他一向以“Me too is not my Style”为座右铭，因此大家几乎都猜这个人是施振荣。结果答案揭晓，说这句话的人其实是周杰伦。2013 年 4 月 22 日，周杰伦受邀到北京大学演讲，题目是“如何做一个不平凡的人”。他强调最基本的态度，就是不要做“Me too”的事。立志如此，适用于音乐创作，也适用于企业策略与产业发展。“不同凡想”（Think Different），不仅是苹果公司的广告词，更是所有创新活动的基本心态，也是“文艺复兴”的真正精神。

而为什么不说“Me too is not my Strategy”？因为风格是一个更为深层、更贴近情感的东西，而策略是理性的。是风格影响策略，而不是策略影响风格。

什么是文与化

撇开学院式的定义，我直接以字义来了解所谓的“文化”。“文”，就是一笔一画刻画出事物的外形，例如日、月、山、水等，这是人类认识外在世界最简单、最直接的方法。至于“化”字，原意可真叫人吓出一身冷汗。

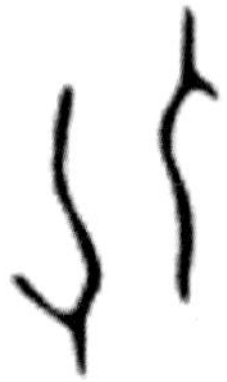

甲骨文中的化字

在甲骨文中，“化”其实是两个“人”字的组合。左边的，是个头朝上脚朝下的活人；右边的，是个头朝下脚朝上的死人。“化”指的是一个人由活着到死亡的过程。对于“化”的感叹，三国时代的曹丕（即魏文帝，187–226）曾这么说道：

> 岁月消逝，人的身体与容貌衰老，很快地随着万物一同死亡，这是有志之士最大的伤痛。①

如果让我们选择，是要选择活呢还是死呢？吊诡的是，所有人嘴上虽然说选择“活”，但实际行为却朝向“死”。例如，大家都说传承很重要，但少有企业真正认真地在准备“传承”；大家都说人才很重要，但少有企业真正认真地培养人才。活与死的选择，处处皆是。例如，2013 年吴宝春师傅（2010 年世界面包大师赛冠军）来台大管理学院演讲。演讲中，吴宝春提到烘焙生涯中的转折点，是有一次吃到令人感动的面包后，发誓从此“要做活面包，不要做死面包”。我问他：“什么是死面包？什么是活面包？”吴宝春这么回答：“死记师傅教的配方和做法，就是死面包；彻底了解基本原理，可以变化层出不穷，就是活面包。”

---

① 原文为：“日月逝于上，体貌衰于下，忽然与万物迁化，斯志士之大痛也。”——《典论·论文》

文的修炼

“文”是最直接简单的事物，“化”是最悠久微妙的现象。合起来，我认为“文化”是组织以看似最简单的事物，来造成最深刻影响的创造过程。

我喜欢用小事来了解一个组织。例如，有一次问某大企业的一位高阶主管：“如果你只能谈一件和老板相处印象最深刻的小事，那会是什么？”他想了一下，告诉我以下的小故事：

> 有一天，我正好陪着一位重要的客户在看工厂，突然手机铃声响起，是老板打来的。我不太客气地对老板说：“现在我旁边有客户，等一下再和你说。”说完就挂了老板电话。送走客户以后，我心里七上八下，觉得刚才和老板说话的口气恐怕已经大大得罪老板。不料，事后老板说：“下次再有重要客户在旁边，不接我电话或是挂我电话都没关系。因为客户最重要！”

看似小事，但这位高阶主管却深受启发，因为老板用实际行动重申“顾客第一”的理念。

有一次，我在中部某大医院参访，由该院院长作陪。恰好一位资深主治医师带着好几位实习医师迎面而来，正在巡视病房。突然，这位主治医师的手机响了起来。原来是急诊室打过来的电话，说那边有病人需要他帮忙。这位医师回答说：“没问题，等一下我巡完房就过去！”院长听了之后，立刻请主治医师到一旁说话：“某某医师，我建议你立刻到急诊室。你现在带着这些实习医师，如果你继续巡视病房，等于是告诉学生：急诊的病人是可以等的！”

看似小事，但我深受启发，因为这位院长用实际行动重申了“病人第一”的理念。其实，每一件小事，都是一个选择；累积许多选择，便造就了“化”的力量。这个道理显然连魔法界也适用，例如，霍格沃茨魔法学校校长邓布利多曾经告诫哈利波特：“你是个什么样的人，不是由你的能力所定义，而是由你的选择。”

化的修炼

“化”虽然原意是“由生到死”，但在中文的词汇中，却赋予“化”十分积极的意义。面对危险，我们说“化险为夷”；面对敌人，我们说“化敌为友”。在经营管理中，“化”代表能把被认为不相干、没有用的事物，变成对企业有高度附加价值的活动。要欣赏“化”的用处，请看以下这个“化武艺为厨艺”的例子。

2013年，台湾安永（Ernst & Young）企业家年度大奖，颁给了瓦城泰统集团董事长徐承义。乍看之下，瓦城泰统在当年评选的公司中规模相当迷你，其2012年营收人民币4亿元，获利约新台币0.4亿元。除了瓦城泰统“成为世界第一大东方美食连锁餐饮集团”的愿景十分宏伟，更重要的是它发展出“炉炒厨房连锁化”系统，具有高度的创新性和可行性。

我在美国求学和教书总共待了快十年，常常受不了许多美国同事心目中东方餐饮美食连锁的代表居然是“熊猫快餐”（Panda Express）。虽然我觉得熊猫快餐不太美味，但它的规模可真不小。自1983年创立迄今，熊猫快餐光在美国就有约1,600家分店，营收高达17亿美元（因为没有上市，利润不详）。按照这种规模来看，瓦城泰统未来实在还有很大的成长空间。

要建立东方美食连锁餐饮集团，第一要务就是厨师的培养。徐承义有一个非常有趣的“武艺化厨艺”的创新。在青少年时期，徐承义有长达十年时间潜心修炼跆拳道，并深深感受练武过程中纪律的重要性。于是，他以跆拳道升级制度作为基础，创造“11级臂章厨师人才培育制度”，以11种不同颜色臂章和分级，代表厨艺学习和发展的 11 个阶段，并成立厨艺管理学院，提供厨师人才公平的学习环境，以及晋级的荣誉感与成就感，不断精进厨艺及管理才能。瓦城泰统的 450 位厨师团队，任何一位厨师的双手都能炒出相同规格和质量的菜，使得这套系统下的每一家分店，端出来的菜色拥有一致的美味。

“惟精惟一”练习曲

“惟精惟一”修炼的入门，是由做好一件事，做好一个选择开始。它可以是任何事。以下列举几个我在生活与工作中的例子，供读者参考。

如果你只能购买一只股票

“惟精惟一”在我的投资理财上，曾有一次有趣的应用。2008 年美国金融风暴时，我正在美国圣路易（St. Louis）进修。台湾股市加权指数也由 9,295 点（2008 年 5 月 19 日）跌到 4,089 点（2008 年 11 月 20 日），市场上哀鸿遍野。当著名的投资大师沃伦·巴菲特 10 月 16 日在《纽约时报》上投书“我正在大买美国股票”，鼓励大家勇于逢低买进时，美国道琼指数由 12,000 点跌到了 8,900 点，而且一路又在 2009 年 3 月跌到 6,900 点。老实说，虽然危机入市是每个人都懂的道理，但望着深不见底的股市跌势，一时间真有不知该如何下手的感觉。

我问自己以下的问题：“哪一家公司是台湾最有竞争力的公司，如果连它也无法存活，那台湾经济也会一起崩盘？”

“台积电”直接浮出脑海。于是，我在 2008 年 10 月以每股 38 元买了一些台积电。当然，事后最大的遗憾是“有识无胆”，买得太少。其实，在 2008 年第四季到 2009 年第一季之间，股票投资采用“随时买，随便买，不要卖”的随性态度，就可以有极度丰厚的报酬。“惟精惟一”的原则并没有让我挑到报酬率最高的股票，但是它让我克服恐惧，勇于进场投资。我后来在台大 EMBA 学程中，以这个问题问同学，“台积电”仍是出现比率最高者。此外，“中华电信”、“中钢”、“台塑”等也经常被提起。有趣的是，只有极少数人敢在当时买股票。

如果你只能选择一个会计科目

我曾经担任某个台湾知名的创业家奖评审工作，亲自访谈了数十位杰出的企业家。我经常会问受访企业家一个问题：“财务报表上的会计科目很多，如果你只能挑一个你认为最重要的科目，那会是什么？”有一次，一位中小型电子公司的董事长立刻冲口而出：“现金流！”我发出会心的微笑，没有再多加细问。因为，会有这种反应的企业家，一定曾经历过刻骨铭心的现金流短缺的痛苦。访谈后，我很快看了一下这家公司历年的财报，果然非常稳健保守！公司账上有大量的现金存量，现金流又非常顺畅健康。后来，这家公司不仅平安度过2008年的金融风暴，而且逆势增加投资金额，在危机中加足马力超越竞争者。

如果你只能放一张投影片

许多人都有同样的感受，自从有了PowerPoint之后，许多报告都是有power，而没有point。极好的药方如下：“这个报告你准备了50张投影片，如果只能让你讲一张，你会讲哪一张？”或者是：“时间只剩下三分钟，你还有20张投影片没讲完。如果你只能再讲一张，你会讲哪一张？”

如果你的整本论文只有一个观念

我指导过许多EMBA同学的硕士论文。一开始写作论文时，学生最担心观点太少、内容单薄。但等到论文接近完成时，最大的问题通常是观点太多、太庞杂。我通常会发一封email给他们，问道："What' s your point ?"许多学生事后告诉我，就是这么简单的问题，让他们吓出一身冷汗。因为到了那个时候，写 10 个 point 很容易，要总结成一个清楚的 point 反而很难！

如果这场演讲只有一个观念你要记住

去听演讲，常会忙着记笔记，记录许多观念。"惟精惟一"的练习可以这么问："如果这场演讲只有一个观念你要记住，那会是什么？"或者："如果你听完演讲只能做一件改变现状的事，那会是什么？"

如果你只有一个会被"一刀毙命"的弱点

股市中有一群以放空特定企业获利的投资人，一般人称之为秃鹰。他们自称是"真小人"，专门对付股市的"伪君子"。秃鹰的武功，是专门揭露标的公司作假或者不合理之处，以赚取股价快速下跌的暴利。秃鹰攻击财报不实的招式又狠又准，其实非常值得经理人学习。我们可以自问："公司经营上有什么可以被'一刀毙命'的地方？"例如，只要一次产品失利或流失一个关键客户，就会产生现金流缺口。

我有一位非常佩服的学术前辈，叫欧森教授（James Ohlson，目前任教于美国哥伦比亚大学）。他曾与我分享他的投稿经验：“要寄出稿件前，我会把自己假想成该刊物主编。我会用尽全力，在这篇文章中找出一个可以把它‘一刀毙命’的弱点。”

“一”的扩大与升华

“惟精惟一”可以由个人扩大到企业、产业、国家，最后成为整体文化中无处不在的元素。如果要我挑选哪一个国家具有这样的特质，我会毫不犹豫地选择瑞士。

瑞士在实践“惟精惟一”给我的感动与震撼，最早来自国家历史博物馆（位于苏黎世）中收藏的一幅商业海报。海报一开头就说：“如果只能挑选一种动物代表瑞士，那就是圣伯纳犬（St. Bernard）。因为，我们实在想不出有什么动物这么不可思议的与瑞士吻合（Incredibly Swiss）”。从 17 世纪以来，圣伯纳犬就以在阿尔卑斯山区担任救难犬闻名，它最大的特色是“可靠”（dependable）。而设计这幅海报的公司，是瑞士最大的银行瑞士信贷（Credit Suisse）。

金融业强调“可靠”绝对非常重要，但“可靠”这个特性其实笼罩着整个瑞士，变成瑞士的“一”。而且，瑞士也巧妙地在许多小角落把“可靠”融入瑞士的DNA中。例如：

瑞士钟表迄今不论是声誉或产值，在全球仍然独领风骚，准确可靠是基本要素；但“可靠”不只局限于机械的质量。因为每个人都“可靠”所产生的互信，让瑞士钟表业者既竞争又合作，让大家能共生共荣。去一趟瑞士西部侏罗山区的拉绍德封（La Chaux-de-Fonds）吧！这里自古就是穷乡僻壤，18世纪时，一群穷怕了的农民，想靠容易运输且高附加价值的钟表业翻身。他们发现钟表零组件的生产与组装都极耗眼力，极需要好的照明，而自然光是最优质、便宜的光源。因此，拉绍德封镇民产生一个共识，就是街道与建筑物的位置，是以太阳行进的动线为基础，使数百座钟表工坊不会互相干扰彼此面对阳光的机会，并且在一年之中能得到最大的阳光照明量。从空中鸟瞰拉绍德封，整个城镇道路与建筑整齐得像一个大棋盘，令人惊叹。这一切，起源于人们因为“可靠”所产生的互信与智慧。

瑞士铁路系统的设计理念，是把全国当成一个钟表，不仅路线环环相扣、四通八达，而且每班火车都异常准时（晚两分钟就开始向乘客道歉）。瑞士的火车票，就像一个可靠的转乘计划书，班次、时间、转程月台等信息一笔笔清楚明白。火车的列车长能说多国语言，边查票边提醒乘客注意转乘信息，避免乘客犯错。搭过瑞士的火车，心中很自然地会觉得这真是一个“可靠”之国。

瑞士中部有一个美丽的城市叫卢森（Luzern），市区中有个著名的观光景点称为狮子纪念雕像。该雕像是纪念 1792 年法国大革命时 786 名瑞士佣兵为保卫路易十六及其皇后全数阵亡的惨烈事迹。我开瑞士朋友玩笑：“这个景点可真是厉害的植入性营销！试想，当法王路易十六命在旦夕之时，法国籍卫兵都已经逃之夭夭，反而是瑞士佣兵这么尽忠职守、勇于殉难。这不是在营销瑞士人自古以来就是忠诚可靠吗？”

其实，瑞士就是公民群体实践“惟精惟一”文化的代表作。虽非完美，但瑞士在核心价值、生活细节、产业布局（如钟表、金融、医药、精密机械等）都围绕着“可靠”的主轴。

除了瑞士之外，我也会请一些国际经验丰富的朋友，说说他们心目中的“精一之国”，答案五花八门，有正面也有负面。例如，有一次曾在某瑞士大药厂担任高阶主管的朋友说：“新加坡让人印象深刻。它的‘一’就是‘图利企业’。”不过，他立刻改口：“更正，应该是‘图利优质企业’才对！”

结论与警惕——建立青春无畏的组织文化

如果要我预测一个企业的前途，我会问：“你们公司里有多少个大卫？”我指的是，像米开朗基罗用雕刻所歌颂的“大卫”。那是一种青春洋溢的生命力，不怕竞争、不怕强敌，敢跳出来说“我做”，愿意站出来说“我学”。“大卫”是一种文化现象，“大卫”可以是任何年龄、任何性别、任何行业、任何职位。企业，其实包括任何组织，多几个“大卫”则昌，少几个“大卫”则弱，没有“大卫”则亡。

“大卫”精神也表现在艰困时期生命的韧性上。我很喜欢北宋大文学家黄庭坚（1045–1105）歌咏玉簪花的两句诗：

玉簪坠地无人拾，化作江南第一花。

依我看，这不是文学，而是经营之道“化”的最高武功心法。

黄庭坚在北宋的党争中被归为旧党，一生颠沛流离不被朝廷重用。他虽然自叹“玉簪坠地无人拾”，但最后体悟到玉簪可以彻底转型，由没有生命的饰物，变化成洁白高雅的玉簪花，而且还是“江南第一花”！由于撰写诗歌及文章不断被人曲解陷害，黄庭坚决定聚焦于书法艺术。被贬到蜀时，他在长江三峡中看见船夫划桨对抗激流的劲道，因而大悟笔法，形成“用笔多有摆荡之姿”的独特风格。2010 年，黄庭坚的书法作品《砥柱铭》以 3.9 亿人民币拍卖成交，创下中华文物历史上的最高价格。

“惟精惟一”的修炼，要靠个人与组织长期不懈的学习。否则，只是高谈文化会流于空洞虚无。由第 3 章起，我将以“文艺复兴”五位代表性人物，说明如何由“精深、精微、精壮、精密、精准”五个面向，进一步修炼“惟精惟一”之道。而本章所讨论的“大卫文化”，长处是有年轻人的积极进取，但缺点是可能缺乏成年人的老谋深算。因此，本书第 3 章将聚焦于讨论“精深”之道。

参考数据

1. 蔡靓萱，《打趴 F 股！专访 34 岁神秘秃鹰》，《商业周刊》第 1381 期，2014 年。
2. 王晓玟，《蔡明介的勇与斗》，《天下杂志》第 533 期，2013 年。
3. 张文隆，《当责》，商周出版，2011 年。

第 3 章

向乔托学精深
——“1325 法”的修炼

油画，是乌菲齐美术馆最精彩的收藏。由二楼起，一间间或大或小的画室，陈列着一幅幅杰作，连成一座通往文艺复兴时代的时光隧道。安排在隧道入口的第一幅画，是乔托（Giotto di Bondone，1266－1337）在 1310 年所创作的《圣母登基图》（Madonna Enthroned）。乔托号称“西方近代绘画之父”，但身材矮小、面貌丑陋，和他画作的美丽灿烂形成极大反差。

《圣母登基图》高约 3 米、宽约 2 米，原本放在佛罗伦萨诸圣教堂（Church of Ognissanti）正中央的神坛上。在图画中，庄严慈爱的圣母，怀抱着婴儿时期的耶稣，坐在象征至高无上尊荣的宝座上，周围环绕着向祂们母子朝拜的天使与圣徒。金黄色的背景油彩，让整幅画呈现辉煌庄严的气势。就主题而言，“圣母登基”的题材在当时颇为通俗；但就技巧而言，乔托所创造的画面

乔托的《圣母登基图》是乌菲齐给访客的第一印象

让当时进入教堂膜拜的信众感到无比的震撼。

原来，这幅画最令人震惊的视觉效果，是圣母在白色罩衫下隆起的胸部。乔托打破中世纪以来绘画平板呆滞的传统，通过线性透视法（linear perspective），巧妙地运用光影的明暗对比，把西方 2D 的绘画拓展到 3D 的绘画。所谓的线性透视法，指的是在画面上寻找一个聚焦点（或称消失点），让所有的线条由远而近时，以由大而小的方式排列，因而产生出立体纵深的视觉效果（参见下图）。

除了提供“深”度之外，在线性透视法中，最关键的是接近

线性透视法示意图

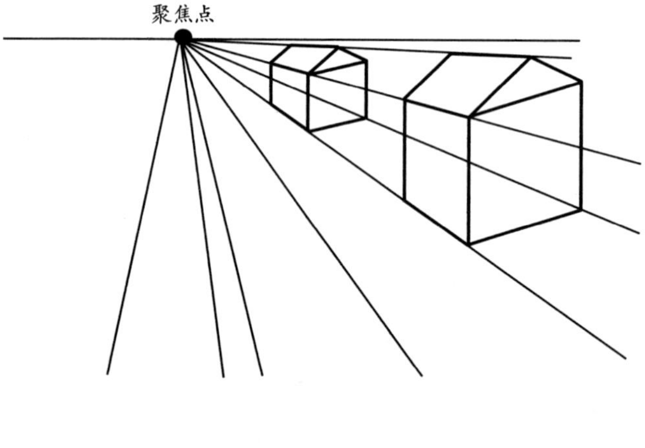

聚焦点的细“微”之处。在这个极小的区域中，如何做到结构强“壮”、组织严“密”，是一大挑战。但更大的挑战是，如果聚焦点失“准”，投射在一个错误的区域中，要如何通过自我反省与批判，重新找到一个新的聚焦点。因此，完整透彻的线性透视法其实包括“深、微、壮、密、准”五字诀，也就是由第 3 章与第 5 章所讨论的议题。

此外，这幅画中的圣母，不再是高高在上的“神”，而是一位慈爱的母亲以及美丽的女性。因此，不管是重现人类立体的视觉经验，或是表达对母爱的歌颂，乔托把文艺复兴以“人”为关怀主体的时代精神表露无遗！

乔托的作品，启动人们追求视觉深度的趋势。有趣的是，自从 2009 年电影《阿凡达》（*Avatar*）造成票房轰动后（全球票房约 28 亿美元），3D 电影与 3D 电视已成为消费电子的热门产品，也是技术竞争的重要战场。而要获得消费者青睐，不能只是强调三维效果，也必须同时兼顾画面情绪的捕追与传达。这与文艺复兴时代绘画追求的目标，有着异曲同工之妙。

对经理人而言，乔托启发我们面对加强思考深度的挑战。我称它为“向乔托学精深”。我们不妨自问：

有多少管理现象，我们只有 1D 或 2D 的了解，但极需要有 3D 的深度？

有多少管理工具，可以将 1D 或 2D 的现象转换成 3D 的视野？

我们是否锻炼出追求精深的能耐，能够思考及回答具有深度的问题？

我们是否能够转换角色，站在别人的立场，“精深”地了解他的观点？

“精深”的锻炼——1325 法

线性透视法不只是视觉艺术的方法，也是锻炼思考深度的入门方法。有深度的思考，需要有深度的语言辅助。对经营管理而言，会计学就是追求“精深”的必备语言。有深度的思考，必须把各种起源不同的线索，聚焦在一个数字或一个议题上。而且最好是由一个具体、容易理解、容易观察的现象出发，再一步步推进到细腻精微之处。

为了增加思考的深度，这几年我在分析企业的经营管理问题时，发展出一种所谓的“1325 法”。我首先简述这个方法最基本的观念，稍后再说明较进阶的应用。

1——最基本的 1

指的是聚焦于一个关键的财务数字或财务比率。例如，股东权益报酬率（return on equity，ROE）展现企业运用股东资金所产生的绩效，是最关键的财务比率。最简单的 1，深入分析后，可以开展成一个丰富完整的思想与行动系统。而现金流量则是另一个关键数字，它足以左右企业的生死存亡。

3——最基本的 3

指的是把关键的 1（财务数字或财务比率），按照营运、投资及融资活动三大构面，分解成三个数字。如果以汉初三大功臣来比喻，韩信擅长“连百万之军，战必胜，攻必取”，属于营运活动；张良擅长“运筹策帷帐之中，决胜于千里之外”，属于投资活动；萧何擅长“镇国家，抚百姓，给馈饟，不绝粮道”，则属于融资活动。

2——最基本的 2

指的是“知己知彼”。在企业经营中，“彼”最起码要包括重要顾客与竞争对手。更进一步说，我们或许了解顾客，但我们是否了解顾客的顾客？我们或许了解竞争对手，但我们是否了解竞争对手的竞争对手？

“知己知彼”的基本功，是把自己的公司与“彼”公司，针对重要财务数字或比率，进行长时间的追踪。我通常把这些数字描绘成十年甚至二十年的趋势图，以方便比较。这种看似简单的分析，可以让经理人更清楚地看到“己”与“彼”的优缺点。

5——最基本的5

指的是经理人环绕着这些数字，至多提出五个问题，就要能够厘清他所关心的议题。这个原则，与丰田汽车对员工质问力的要求一致。

首先，我们讨论“1325法”如何应用于股东权益报酬率的分析。

CEO论股东权益报酬率

台湾某位杰出的CEO，非常重视股东权益报酬率。他曾聘用一家知名的管理顾问公司来进行企业经营诊断。在密集拜访其重要顾客之后，该顾问公司向他提出结案报告。其中最重要的发现，是几乎所有顾客都反应公司产品定价太贵。因此，要顺应顾客的心声，适度的降价是合理的作为。以下，这位 CEO 如此剖析他的定价思维：

我定价的目的，是希望长期能维持股东权益报酬率在 20% 左右。以 ROE 的公式来看：

$$\frac{\text{净利}}{\text{股东权益}}=\frac{\text{净利}}{\text{营收}}\times\frac{\text{营收}}{\text{资产}}\times\frac{\text{资产}}{\text{股东权益}}=\text{净利率}\times\text{资产周转率}\times\text{杠杆比率}$$

我有以下的考量：

1. 我的杠杆比率，经过财务部门深入的研究，应该要维持在 1.2 到 1.3 左右。我不能因为想提高 ROE 就任意增加财务杠杆，以免让公司产生太大的财务风险。

2. 我的资产周转率，反应我工厂接单的能力，大约在 50% 左右。这已经是产业中顶尖的数字，改变的空间也不大。

3. 如果杠杆比率和资产周转率都维持在目前合理的水

平，那么我的净利率能维持在 30% 至 35% 就非常关键。我的净利率扣除必要的管销费用，需要有 40% 至 45% 的毛利率（价格减去制造成本）才能支撑得住。而这个毛利率，就是我被客户嫌价格贵的原因。但是我能不能轻易地降价？绝对不能！因为我们公司既然号称提供具有高度差异化的产品，我们就要有能力订出有差异化的价格。

简单地说，价格比同业贵是我们的“策略”，不是我们的“问题”。

第二年，这家管理顾问公司又做了一次类似的顾客意见调查，再度提出顾客嫌贵、应该考虑降价的意见。

这次，这位 CEO 可就失去耐心了：

我再说一遍，高价是我们的策略，不是我们的问题！

不难想象，这个连策略与问题都分不清楚的管理顾问公司，第二年就被解雇了。

对 CEO 而言，以上就是一个应用 ROE 深入思考经营问题的范例。而对管理顾问公司而言，以上就是一个思考不“精深”的警惕。在商场上，顾客嫌贵本来就是很正常的事。对于执行差异化策略成功的企业，顾客抱怨归抱怨，最后还是会接受这个价钱。当然，当产品与服务的差异化消失后，若还维持着高价格，自会招来客户流失的命运。以调查他人意见的成果作为经营建议，只有新闻记者的水平。而一个具备“精深”能耐的经理人，要能看透事务的表象，具备独立思考的能力。

“1325”的股东权益报酬率分析——台达电 vs. 艾默生

在以下的“1325”分析中，“1”是ROE；3是指“净利率 × 资产周转率 × 杠杆比率”；而此处的“2”，“己”我挑的是全球电源供应器龙头厂商台达电，“彼”则是全球机电龙头美国厂商艾默生（Emerson）。艾默生成立于1890年，营业范围主要涵盖各种能源管理解决方案与其关键零组件，2013年营收、获利约为250亿及25亿美元，是台达电最可敬畏的对手。

当然，如果深入企业的核心探讨，什么是台达电的“一”呢？正如第1章中讨论的，台达电的“一”就是“E”（Environment），也就是以环保为核心衍生出来的各个事业群。而什么是艾默生的

“一”呢？目前艾默生保持着自 1956 年起每股现金股利发放持续 57 年成长，且复合成长率高达 11% 的可观记录。许多公司把支付现金股利当成选项，但艾默生却把它当成第一要务。由于资金必须先达到股东配股增长的要求（2013 年每股现金股利为 1.64 美元），才能谈到后续的投资或营运，这对经营团队产生莫大的压力，但也是管理纪律的来源。

限于篇幅，只能部分呈现“1325”的分析结果。但我们可以练习用这些基本的财务分析，问以下 5 个有趣的管理问题。

1 / 为什么台达电的毛利率远低于艾默生，但净利率却高于艾默生？

‖讨论‖艾默生的毛利率约为40%，台达电的毛利率约为25%，这代表艾默生具有明显的技术与品牌之优势。台达电过去以OEM/ODM业务为主，因而管销成本较低；而艾默生由1997年起，开始积极转型为创新的解决方案提供者，因此必须花费较高的营销费用；而且要网罗国际人才，人事成本也较高。台达电成本控制的功力，弥补了毛利率的劣势，以至于拥有较高的净利率。

▌ 2 / 为什么台达电的研发支出比率高于艾默生？

‖讨论‖台达电的研发费用约占收入的 6%，在台湾企业中，已经算是非常高了。虽然艾默生的研发支出只占收入约 2%，但它主要靠购并（acquision）来补强自己产品组合上的不足，而非只靠自行研发的努力。艾默生擅长因应客户的需求，以购并来丰富其解决方案的深度，每年并购支出约占收入 6%。相对的，台达电很少进行并购活动。因此，如果把广义的研发活动定义为研发费用加上并购支出，艾默生对未来的投资其实比台达电更高。

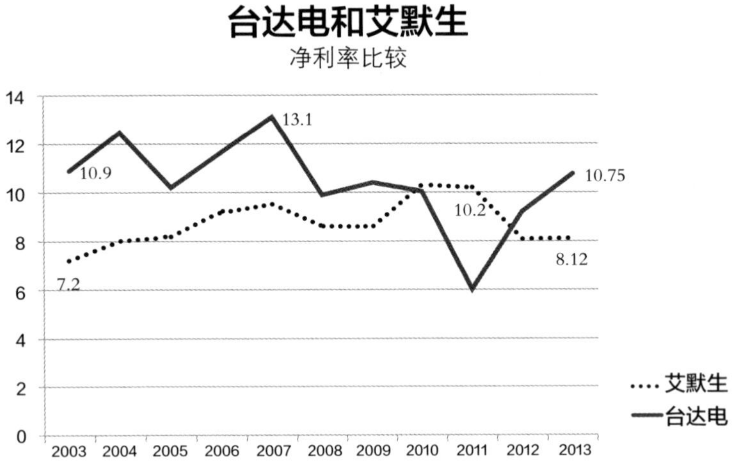

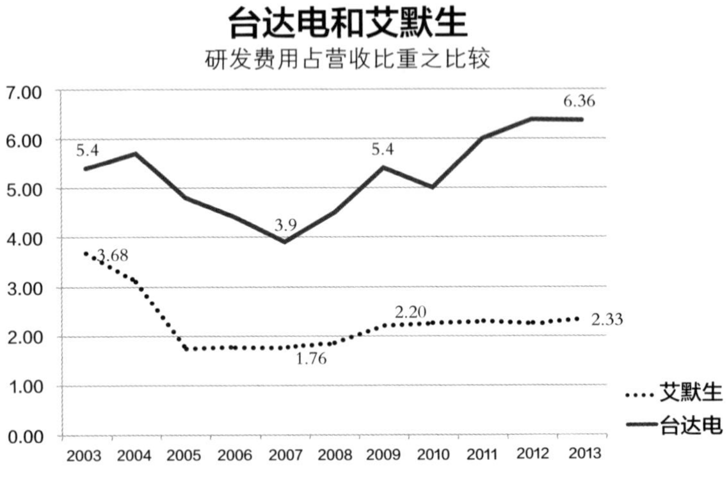

台达电研发费内率平均约6%，艾默生仅约2%。

▌3 / 艾默生这么强调现金股利增长，为什么负债比率还敢超出台达电许多？

‖讨论‖艾默生负债占资产约51%，远超过台达电的43%；而其中又以长期负债为主。这代表艾默生较善于利用资本市场取得资金，并不见得有较高的财务风险。负债是双刃剑！对善于利用资金者来说，宽松便宜的资金，有助于快速的投资布局；但对财务管理能力不佳者而言，减少负债当然可以降低风险。

▌4 / 台达电如果未来要成长五倍，成为像艾默生一样的国际领导厂商，还有可能继续维持目前的成本结构吗？

‖讨论‖不太可能。一个国际领导厂商在营销、人资、信息平台等各个方面，都必须要有相当大的投入。台达电在继续成长的过程中，应该会看到经营成本逐渐提高。但只要毛利率也跟着提高，没有发生净利率急速下降的现象，就属于正常。

▌5 / 相对于艾默生，台达电目前缺乏的能耐是什么？

‖讨论‖例如，台达电应该向艾默生学习如何提升购并的能耐。艾默生过去三十年来，购并频繁且成功率很高。它进行购并的标准模式如下：（1）业务主管由竞标经验中找出补强目标市场竞争力的潜在标的。（2）财务及法务单位主管结合公司以外专业顾问，对标的公司进行深入分析，并决定并购价格范围。（3）完成并购谈判后，由当初提出建议的业务单位负责并购后之整合，确定达到预期的效应。这整个过程其实是执行长、业务单位与相关幕僚的深度协同合作。

在本书完稿之时（2014 年 12 月 15 日），台达电正式宣布将斥资 39 亿挪威克朗（约人民币 30 亿元），取得挪威上市公司系统电源业者 Eltek 百分之百股权。台达电董事长海英俊表示，台达电与 Eltek 在研发资源、营销与通路资源及客户方面都高度互补，双方合并后能联合采购生产，综效很高。海英俊并且宣示，并购是未来十年台达电年营收成长率逾两位数的主轴；当然，这也代表台达电将更积极地在市场上筹资。可见，一个优秀的经营团队，会不断调整自己在营运、投资、融资各方面的脚步，提升自己的核心能力，以创造新的格局。

中处不胜寒——台达电 vs. 汇川

像艾默生这种世界顶尖企业，必须面对台达电这种新兴强权的挑战，有着“高处不胜寒”的竞争压力。但台达电也不轻松，一群地区性的企业，实力虽然还不足以直接威胁艾默生，但却有可能撼动台达电的部分事业。

2013年，有一次我拜访上海一家专门从事工业自动化业务的公司。我好奇地问负责人："如果只能列出一家公司，未来可能会给台达电重大的威胁，那会是谁？"他不假思索地回答："深圳的汇川技术！"我研究了一下，发现它是大陆新锐的中小企业，企图心和实力都非同小可。

汇川创业于2000年，技术团队来自华为科技，2010年正式上柜。汇川目前员工约2,000人，2012年营业额约为12亿人民币，利润约为3亿人民币。作为工业自动化产业的后进者，汇川自知无法在产品的广度和深度上与台达电竞争，它的策略是更聚焦于对细分行业客户的特殊需求，而且很快就跳脱产品导向的思维，进入服务与解决方案的领域。例如，汇川发挥地头蛇对周遭环境的敏感度，选择建筑业中的电梯控制方案作为专攻项目，并且不计成本地先拿下该行业的几个顶尖客户，因此很快地席卷电梯业，并且取得相当优厚的利润。汇川毛利率高达50%，净利率约为27%，股东权益报酬率也有12%左右。汇川的工程师吃苦耐劳，对顾客的需求服务非常热切。例如，他们的团队为了服务某些重要客户，可以准备睡袋睡在客户的工厂内，随时掌握机械设备的状况，排除发生的任何问题。

国内某些企业，仗着行业龙头的地位，以及政府融资的协助，往往有过度举债扩充的挥霍，最近在产业不景气或金融风暴中严重受伤（例如，最大纸厂九龙纸业，在 2008 到 2009 年期间股价跌了 97%）。但汇川完全没有这种盲点，它的长期负债一直控制在 1% 之下，几乎可以算是零负债企业。

此外，相对于台达电主要以有机成长方式扩充，汇川上市以来就积极地以购并方式扩充，虽然目标的公司规模都不大，但都有清楚的策略布局，着重在工业自动化控制新技术的取得，与充实自身提供整体解决方案的能力。汇川资金充沛，手中随时拥有 20 亿人民币以上的现金，可以快速进行后续的并购案。

目前汇川的主要成长策略是进口替代，主要的攻击对象正是台达电。例如，学习台达电的产品布局，工厂扩建，挖台达电的优秀工程师与业务人员。汇川对行业的选择更聚焦，行动更快速，十分具有侵略性，然而财务面却十分保守与健康。

以上对汇川的讨论，是将汇川与台达电的股东权益报酬率进行“1325”分析的结果（详细过程限于篇幅从略）。当然，针对“中处不胜寒"的威胁，台达电可以有效地反击因应，而竞争的重点，必须放在补强对中国内需环境与顾客的了解，并善用台达电较为国际化的优势。例如，目前台达电部分事业研发主要在台湾母公司而制造生产在大陆的模式，会出现对本地需求不够深入的缺点。因此，加强大陆研发团队的质与量，是一个绝对必要的布局。此外，台达电的产品及服务是全球性的，如果能以其他地区所取得的技术灌注在大陆市场，就会形成额外的竞争优势。

现金流量的"1325"分析——"今日之我"vs."过去之我"

再看另一个"1325"的分析。这次的"1"是现金流量（cash flows），它决定企业生死，是最关键的财务数字；"3"指的是来自于营运、投资及融资等三大活动的现金流量；而这里的"2"，"己"是全球零售龙头厂商沃尔玛（Walmart）2014年的现金流量，"彼"是沃尔玛1994年的现金流量。"己"与"彼"虽然是同一家公司，但时间先后相隔二十年，可以看出企业在生命周期中的变化。

这个分析的方便之处，在于可以应用企业本来就要编制的现金流量表。沃尔玛2014年的现金流量，可以分解如图3–1。

针对沃尔玛的现金流信息，我们可以由不同角度问以下5个问题。

1 / 沃尔玛这二十年来现金流量型态的改变，背后代表的最主要意义是什么？

‖讨论‖代表沃尔玛由全速扩充成长，到达稳定成熟。1994年营运活动现金流入的现金有21.95亿美元；但沃尔玛的投资极有气魄，花了44.86亿美元大力拓展新店；而投资金额由营运现金供应不足的部分，则主要依赖融资活动现金流入22.99亿美元（主要是长期借款），这是沃尔玛的全速扩张期（见图3–2）。相对地，二十年后的沃尔玛（见图3–1），虽然仍大手笔拓展店面，投资活动现金流出122.98亿美元；但营业活动现金流入更为惊人，高达232.57亿美元，不仅可完全支应投资所需，更能以各种方式回馈给股东（例如，配发丰富的现金股利和按股权等比例购买股东手中股票）。因此融资活动现金才流出110.17亿美元，比起过去靠借钱扩张的情况，财务力量完全不同。

2 / 对投资人而言，谁是比较好的投资标的？年轻的沃尔玛？或者成熟的沃尔玛？

‖讨论‖根据研究，股价上涨最主要的动能是损益表上的获

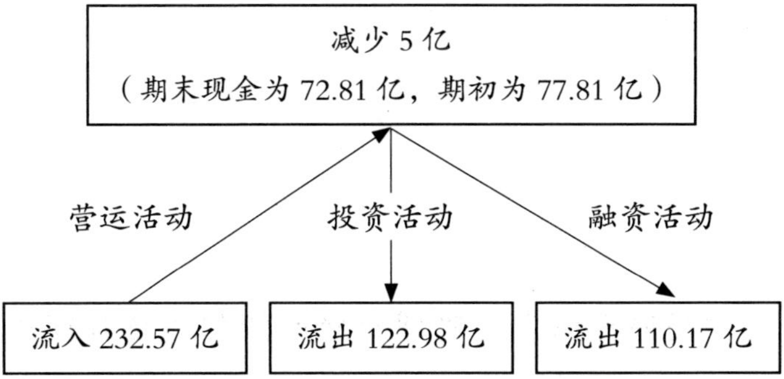

图 3–1　沃尔玛 2014 年现金流量变化（单位：美元）

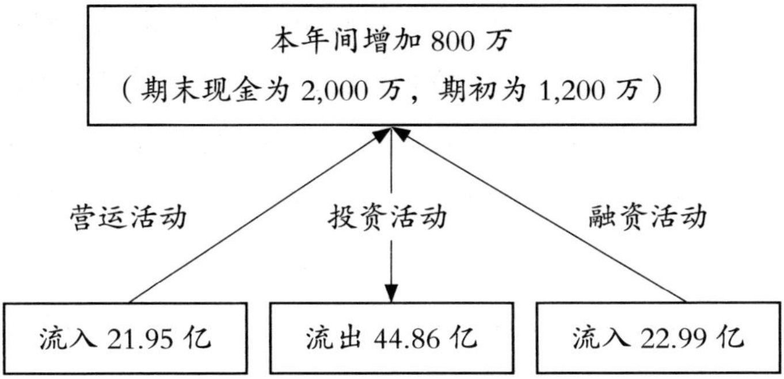

图 3–2　沃尔玛 1994 年现金流量变化（单位：美元）

利成长，而不是现金流成长。1990 年代的沃尔玛，获利成长快速，股价也很有成长性；2000 年以后的沃尔玛，虽然财力雄厚，几乎没有经营风险，但因为缺乏明显的成长性，股价不容易有较高的报酬率。处于成熟稳定期的沃尔玛，每年丰厚的股利与股东持股回购机制，较适合偏好现金入账的投资人。

3 / 对经理人而言，管理年轻的沃尔玛及管理成熟的沃尔玛有什么不同？

‖讨论‖由上述沃尔玛成长、成熟两个阶段的现金流型态，经理人可以进一步体会企业现金流的不同节奏。在成长期，经理人聚焦在展店（投资活动）；但也必须注意新开的店面是否能很快获利（营运活动）。至于资金来源，除了营运活动必须贡献现金外，长期借款会是主轴。在成熟期，除了要与股东分享现金回馈外，最大的挑战是如何找到新的投资项目，否则资金的投资报酬率会持续降低。此外，当同业竞争者（例如 Kmart 与 Target）已几乎没有威胁时，如何面对来自异业竞争者（例如亚马逊）的挑战，才是真正严峻的课题。

▌4 / 对董事会而言，监理年轻的沃尔玛及监理成熟的沃尔玛有什么不同？

‖讨论‖在快速成长时期，监理的重点是投资的风险与纪律；但在成熟期，监理的重点是股利分配的稳定，以及管理团队在稳居产业龙头后的傲慢与僵化（例如对电子商务由看不起、看不懂，到最后追不上）。

▌5 / 对供货商而言，供应年轻的沃尔玛及供应成熟的沃尔玛有什么不同？

‖讨论‖1994 年，沃尔玛净利为 23.3 亿美元，创造 21.95 亿美元的营运活动现金流入，两者非常接近。2014 年，沃尔玛净利为 160.22 亿美元，营运活动现金流入却高达 232.57 亿美元，创造现金的能力大幅增强。其中，很重要的原因是沃尔玛对供货商平均付款时间的拉长。在沃尔玛享受“快快收钱、慢慢付款”的产业龙头地位时，供货商要有更强大的自我融资能力才行。

有关现金流量表的基本观念与技术性说明，请参见拙著《财报就像一本故事书》（2007 年）。

器大识深的训练——用法人说明会练“精深”

对于培养企业接班人，台积电董事长张忠谋向来十分重视。根据最近媒体报导，他要求高阶主管要详读主要顾客与竞争对手的法人说明会逐字稿，撰写法说会摘要，并提出自己的评论。这么做，不仅可以培养高阶主管“知己知彼”的能力，也可以检视他们是否具备“器大识深”的领导人素质。前述的“1325”法，其实正可以作为训练经理人“器大识深”的基本工具。

张忠谋使用的训练方法，应该要大力推广。我建议先由美国的龙头企业着手，研究它的年度例行法人说明会资料，以及购并特别法人说明会数据。理由有二：（1）这些都是公司网站中可以免费取得的公开信息；（2）美国对财务信息的揭露要求十分严格，经理人不敢作假，而且内容大都丰富翔实，深具参考价值。

仅以本章所讨论的美商艾默生为例，具体说明我的主张。

1. **阅读年度例行法人说明会资料。**艾默生每年 2 月会举办为期一到两天的大型法人说明会，法说会数据包括执行长与各事业主管汇报。在 2011 年的法说会上，艾默生透露一个重要策略讯息——要在中国市场上大力进军功能“够用就好”（fit–for–function）的中级产品（mid–tier product）与开始积极服务中型顾客。过去，艾默生在中国最主要的业务，是提供高阶产品与服务大型企业和政府单位。艾默生还宣称，中阶业务的利润率，并不亚于高阶市场。也就是说，艾默生要全面与中国市场的“地头蛇”短兵相接，争取中型企业的生意。因此，相关台湾企业必须加快对大陆的投资布局，并加强对不同行业顾客特殊需求的了解，以设法破解艾默生的品牌、技术优势。由于法说会上有大量的财务信息，会计专业的高阶主管对于消化法说会的信息应该有相对优势。

2. **阅读购并特别法人说明会资料。**透过购并来丰富产品组合及增加竞争力，是艾默生的家常便饭，而这正是台湾厂商最缺乏经验的地方。对于重要的并购案，艾默生都会由执行长召开特别法人说明会，详细解说并购的策略思维，和公司现有事业的互补性，以及决定并购价格的财务逻辑。说明会资料图文并茂、深入浅出，就算是不懂电机技术的门外汉也看得懂，是了解艾默生对市场需求的看法与学习购并实务的极佳教材。

无法由不同角度看问题，会变成“识深而器不大”，这是实践“精深”之道的可能弊病。以下讨论如何由竞争对手、顾客、老板等不同角色看问题。

从竞争对手的角度看问题

要能从竞争对手的角度看事情，需要长期的训练。必须要知道的，包括竞争对手的价值观、策略动向、执行能耐，与它是否会借由并购快速切入目标市场等。更进一步而言，过去公司的顾客，为了追求成长，也可能转身变成自己的竞争对手。例如，各大电信公司过去门号绑手机的业务，会委托 3C 电子通路门市销售；但目前电信公司自己广设门市，门号、各个品牌手机及周边商品都自行销售，反而抢走 3C 电子通路公司不少生意。

由顾客的角度看事情

本章所讨论的精深，比较理性，聚焦在思考的深度上。但另一个层面的精深，其实是体验上的深度。我曾经指导过一位骨科医师的硕士论文，他化名叫阿杰特。有一次，阿杰特考我一个选择题：

老师，有一种痛你一定忍得住，请选择：

(A) 牙齿剧痛

(B) 手指被切断的痛

(C) 癌症化疗剧痛

(D) 生产的痛（他忘了我是男生）

我还在犹豫不决时，他已经揭晓答案："老师，以上皆非。正确答案应该是'别人在痛你一定忍得住'。"

在一阵爆笑后，阿杰特正经对我说："我本来是个癌症医师，1998 年 7 月 17 日上午 9：30 分，我的同事对我宣告血液检查结果——白血球 5 万，血小板 2 万。突然间，我变成血癌病人。"

阿杰特说自己以前帮病人插入中央静脉导管，手脚利落，颇受好评；但当医师第一次要把导管刺入自己颈部的时候，他居然反应过度，全身肌肉抽搐，无法控制自己。变成病人的恐惧与无助，叫他深深震撼。阿杰特是个幸运的人，在几个月的化疗与骨髓移植后存活下来。当过血癌病人的经验，使阿杰特更能"精深"的体会病人的心情与需要。

接着，请再看以下三个例子。

例 1 ▁让顾客有感觉的绩效

通用电气公司飞机引擎事业部的顾客，主要是全球大型航空公司，它们会定期把引擎送回通用电气维修。通常整个作业周期是 11 天，包括进机棚维修 7 天，货运公司来回运输 4 天。为了提升绩效，通用电气的团队绞尽脑汁，把引擎进机棚的时间，由 7 天一路下降到 6.3 天。但是这省下的 10% 时间，真的是绩效吗？如果由顾客的角度来看，不是！因为对顾客来说还是一样，必须等上 11 天才能拿回引擎，情况其实一点都没有改善。发现这个盲点后，通用电气于是同步检讨与货运公司的搭配，改善来回运输的效率。因为顾客真正关心的，其实是引擎由机翼拆下到装回去正常营业的时间，而不是其间某一段流程的效率。

例 2 ▁让顾客愿意付的成本

几年前，我到星巴克外带一杯拿铁咖啡，花了人民币 25 元。走出门口，回头看见店里一个年轻人，翻着书本，敲着笔电键盘，看起来大概会悠闲地坐上几个钟头。我冒出一个疑问："真贵，为什么外带必须付跟内用一样的价钱？"我当然知道星巴克定价时，除了要回收与咖啡直接相关的成本外，还必须考虑冷气、装潢、场地租金等费用。但是作为外带咖啡的消费者，我愿意付的，其实只是与咖啡直接相关的成本，而不想要补贴内用消费者的成本。从此，我再也没有外带过星巴克的任何咖啡。而这几年来，市场上倒是出现了不少主打咖啡好喝、不适合久坐但价格只有星巴克一半的连锁店，成功地满足了我这种外带族的需求。

例 3 ▂ 让顾客放心的退货期间

在网络上购物，最怕退货期间太短。因此，下单前我都会先仔细阅读退货规定。在购买户外运动用品时，我很喜爱的在线厂商是美国的“麋鹿下巴”（Moosejaw）。它的退货办法充满美式幽默：“我们终生接受退货（lifetime return）。其实，就算您不幸去世，您的下一代还是可以替您退货。不过，在这种情形下，我们建议您的后代保留这些货品，作为对您的怀念。”除了哈哈大笑外，我觉得这真是令人放心的营销点子。比较起来，电子商务龙头亚马逊目前只提供一个月的退货期，实在相差太多了！“麋鹿下巴”疯了吗？其实它非常了解顾客特性——热爱户外活动的消费者，绝大多数“品性良好”，不会滥用终生退货的福利。况且户外用品生命周期很长，也比较没有过期跌价的风险。因此就算亚马逊在电子商务中的规模再大、体质再强，也打不死“麋鹿下巴”这种中小型的公司。

从顾客的角度看事情，光是以上三个例子，就包括流程改善、市场区隔商机、营销创新等管理意涵。要是能更加精益求精，它绝对是创造企业价值的关键能力。

由老板的角度看事情

1956 年，当时仍在日本富士通任职的稻叶清右卫门，开发出电器油压脉波马达（EH pulse motor），让工具机可以自动化，效率提高十倍以上，顿时成为畅销明星商品。1972 年稻叶清右卫门自立门户，成立发那科（Fanuc）。1973 年，全球发生第一次石油危机，客户因为油电成本大涨而开始抱怨。虽然发那科的电器油压技术仍是日本第一，但右卫门却有强烈的危机意识。

他让一组人马继续强化既有技术，让另一组人调查美国新研发的伺服马达新技术。四个月后，他拿两组技术做比较。他的决定震惊同业——放弃自己的发明，改用美国盖弟斯（gettys）的技术。右卫门说："我内心的工程师和经营者是矛盾的角色，这是我一生最艰苦的日子。"最后，经营者的智能战胜了工程师对自己创造出来的技术的执著。

发那科一直在工程师对技术的热情，与经营者对市场竞争的敏锐之间，保持良好的平衡。2013年，发那科获利为12.81 亿美元，是全球机器人产业中获利最佳与竞争力最强的公司之一。

结论与警惕——害莫大于浮浅

王夫之（又称王船山）是明末清初的大思想家。和一些不肯投降清朝的明末遗老一样，他人生的处境非常困难。国家没有了，前途没有了，一条命也差点没有了，但是对成败兴衰之道的反省倒是很深刻。对于领导者，他说了一句发人深省的话："害莫大于浮浅。"例如，"1325"法中的5，若要避免落入"浮浅"的毛病，应该要去联结《孙子兵法》中的"五计"。《孙子兵法》十三篇中的第一篇是"计"篇，也就是在作战之前，评估敌我实力与胜算的谋划阶段。在这个阶段中，孙子提出"道天地将法"五个面向，供决策者思考自己的胜算。以经营管理的角度而言：

道：所谓的使命（mission），也就是一个人或一个组织值得花一生之力追求的目标。

天：就是所谓的市场（market）和趋势（trend）。

地：就是企业的产品或服务在市场上的地位（position）。

将：就是良好的领导人才与团队（execution team）。

法：就是良好的典章制度。

这五个构面，虽然不太容易量化，但却可以形成一个有深度的反思工具。我在台大管理学院开设“会计与《孙子兵法》”课程，正是害怕自己落入浮浅之病里啊！

最后，要真正实践“精深”之道，一定要做好关键的细微处。下一章的主角达·芬奇，正是“精微”之道的最佳导师。

参考数据

1. 庄素玉，《稻盛和夫：经营企业就是修行》，《天下杂志》第 485 期，2011 年。

2. 吴修辰、康育萍，《最强股王大立光》，《商业周刊》第 1375 期，2014 年。

3. 阿杰特，《从病危到跑马拉松》，原水文化，2007 年。

4. Knight, C.F., & D. Dyer., 2005, *Performance without Compromise*, Harvard Business School Press.

第 4 章

向达 · 芬奇学精微

——“九五微积法”的修炼

第 2 章讨论的《维纳斯的诞生》，陈列在乌菲齐的波提切利画室（Botticelli Room）。这间画室是打通原来五间较小的画室所建造出来的，空间格外宽敞气派。乌菲齐贴心地用无靠背沙发围成一个四方形的座椅，让大家可以轻松地坐下来，观赏波提切利表现“极致女性美”的作品［他的另一幅杰作《春》（Primavera）也是美得教人流连忘返］。休息够了以后，拐一个小弯，就进入另一个奇幻世界。在那里，年轻的达 · 芬奇用他的《天使报喜图》（*Annuciation*）向你招手。

根据圣经记载，天使下凡告诉圣母玛利亚，她即将未婚受孕产下圣婴，这个故事叫做“天使报喜”，是文艺复兴时期许多画家热爱的题材。达 · 芬奇的《天使报喜图》（见 108 页），让这个故事有着崭新的内涵。这幅画绘于 1472 年，是达 · 芬奇第一幅完整的作品。刚满 20 岁朝气蓬勃的达·芬奇，在画中强烈地表现出他独特的风格与思想。画中的玛利亚，是一个年轻、纤细的女孩，看起来只有十五六岁，活像个黄毛丫头。当天使传达这个震撼的消息时，玛利亚依然从容不迫地翻阅书本，纤纤手指传递出一股坚定不移的力量。在达·芬奇的画笔下，玛利亚是一个对重责大任毫无畏惧的年轻女性，气势并不逊于第 2 章里米开朗基罗

波提切利表现“极致女性美”的另一幅杰作《春之祭典》

雕刻的大卫像。而天使所传达的，正是玛利亚这一生存在的意义，也就是让她改变整个世界的“使命”（mission）。

2005年，彼得·德鲁克以95岁高龄辞世，当时他正在写作人生的最后一本书，书名直译是《五个最重要问题——面对组织的必问》（*The Five Most Important Questions You Will Ever Ask About Your Organization*；台湾版中译本名为《生存力》，脸谱出版）。德鲁克强调，第一个最该问的问题，就是“我们的使命是什么？”虽然在经营实务上，企业经常会定义自己的使命；但对绝大多数员工而言，使命只是口号，丝毫没有切身之感。但是当企业文化渗透至员工的内心，将企业的使命内化成个人的使命时，这就会形成一股细微持久、威力无比的力量。可惜，绝大多数企业因为领导人自己都没有使命感，也就无法将公司带到这个境界。

《天使报喜图》的另一个重点，是天使的那对翅膀。这双栩栩如生的鸟翅膀，是达·芬奇观察鸟类细微变化的写生作品，而不是虚构的美术形象。达·芬奇不满足于只是画鸟翅膀，由他笔记本上留下的草图来看，他不断积累对鸟类飞行原理的思辨，最后落实在飞行翼的设计与实验上。达·芬奇曾在佛罗伦萨以北约6公里的山城菲耶索莱（Fiesole）测试他的飞行翼。根据当地的旅游信息，达·芬奇的助手穿上飞行翼，滑翔了好长一段距离。针对

达·芬奇的《天使报喜图》，现收藏于乌菲齐美术馆

这段航程，菲耶索莱还开发了一条有专人导览的散步路线，创造了一笔观光财。另一种传说的结果比较悲惨：达·芬奇的助手由山壁上一跃而下，立刻就跌断了好几根肋骨。不论结果为何，达·芬奇的作品表现出文艺复兴的核心理念——用艺术去追求信仰与科学的完美融合。

达·芬奇的作品让我想起《中庸》里的名言："莫现乎隐，莫显乎微。"意思是："没有比隐藏处更容易被发现了，没有比细微处更加明显了。"这两句话表面上很矛盾，但背后的道理很深刻。以达·芬奇为例，他的作品通常是静态画面，而且规格都不大（例如他最著名的画作《蒙娜莉萨》只有77厘米×53厘米），但为什么会有这么大的感染力呢？达·芬奇的秘诀，是在每一个微小细节处，或用画笔或用手指巧妙的驾驭油彩，以积累出强大的力量，最后产生传达人物"神韵"的惊人效果。以下，本章将进一步阐述达·芬奇"精微之道"所激荡出的管理思维。

最精微的力量是使命感

天主教中的"耶稣会"（Jesuits），因为在传教中充满了冒险犯难的精神，被称为"上帝的海军陆战队"（God' s Marine）。1986年上映的著名影片《教会》（*The Mission*，也可译为"使命"），

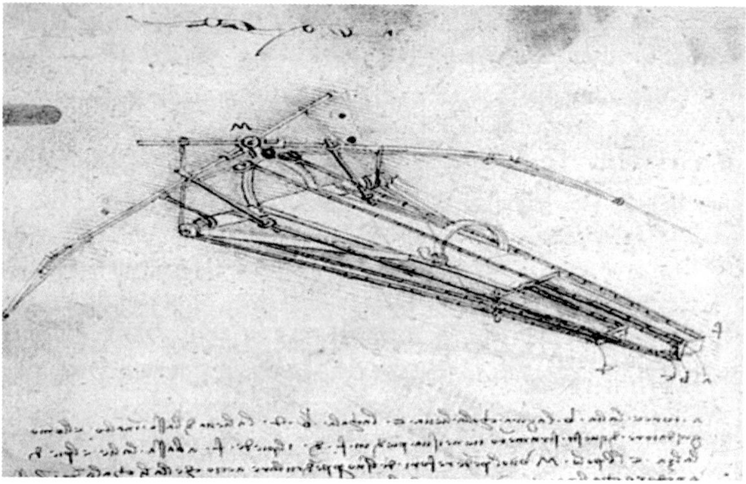

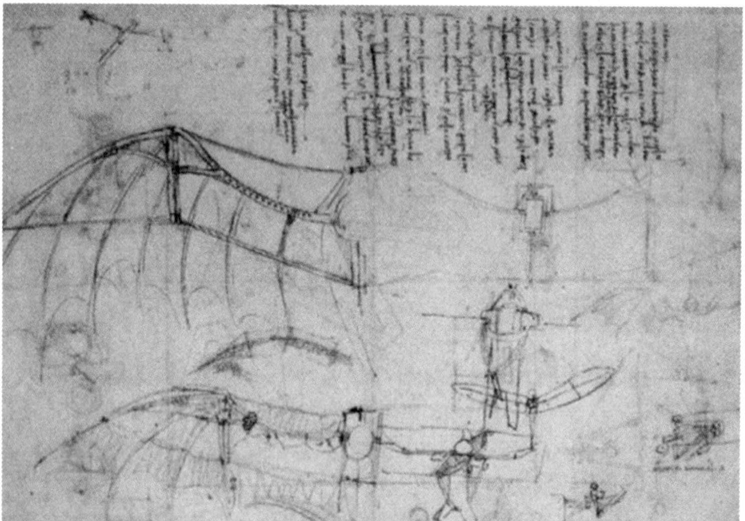

达·芬奇的飞行器设计图

利用耶稣会在南美洲传教的真实历史，把使命感带来的力量，阐述得淋漓尽致。

电影一开头，耶稣会的资深神父加布里埃尔（Grabriel）攀爬着瀑布湿漉漉的石头，冒着一失足就摔死的危险，抄快捷方式直攻瀑布上游，前往当地原住民的部落。他为什么不由安全许多的山路慢慢绕上去呢？因为神父深切地感受到时间的压力。当时，葡萄牙的人口贩子已经动身到瀑布上游捉拿原住民，准备卖到美国市场去当奴隶。而拯救他们唯一的办法，是让原住民皈依为天主教徒。虽然用心良善，但耶稣会传教的过程却极不顺利。对白人充满敌意的原住民，将耶稣会派来的传教士一个个绑在木头十字架上，丢进湍急的河流中溺毙。鉴于过去失败的经验，神父决定另出奇招。安全到达瀑布上游时，他小心翼翼地拿出秘密武器——一支简陋的单簧管，开始吹奏起电影中著名的主题音乐（原名为 Grabriel' s Oboe，后来改编成莎拉·布莱曼的全球畅销曲 *Nella Fantasia*，英译为 In My Fantasy）。

才吹奏了一下子，手持弓箭利矛的原住民，就已经包围过来，神父随时有被万箭穿心的危险。虽然心中充满惊恐，但神父还是强作镇定地继续吹奏。一位原住民长老走过来抢走单簧管，一把折成两段丢弃本地上，提醒大家别忘记“白人都是捕捉贩卖族人的恶棍”。但大多数的原住民却心存困惑——这个白人到底想要说什么？最后，其中一个人走过来，把折断的单簧管拼凑起来还给神父，代表原住民的敌意开始软化。接着，这一群原住民扶持着神父离开了瀑布区，返回部落。最后，赢得原住民信任的加布里埃尔神父，在很短的时间内让原住民皈依为天主教徒。

用音乐“营销”天主教！加布里埃尔神父这种勇气与创意背后的泉源，其实就是“使命感”。使命感就像航海中的北极星，引导一个人时时刻刻把每一个念头、每一次行动，都朝向远方的目标校正。使命感，是经营事业最精微的一股力量。

诉说爱与对食物的享受—使命驱动的美国全食物市场

第一次踏进美国有机食品连锁店龙头“全食物市场”（Whole Foods Market）的原因很简单——我肚子饿了。全食物市场的门市经常有许多美味的试吃产品，吸引人闻香入店。第一个让我惊艳的，是蔬菜水果得排列整齐美观，像一家精品店，而不像生鲜超市。店里连肉品的陈列都很特别，柜台比一般超商高出 30 厘米以上，再加上打在肉品上的明亮灯光，给人一种非常新鲜健康的感觉。更棒的是，你很快会发现，这里的员工对于和顾客分享有机食物的信息充满热情。

全食物市场是一家哲学气息非常浓厚的公司，它宣称自己是一家“使命导向公司”（A mission-driven company），其使命是提供最高质量、最少人工处置、最有风味及最自然保存的食物。它宣称：“借由勇气、诚信正直以及爱心，我们拥抱自己的责任来共同创造一个每个人、每个小区及整个地球都可以共存的美好世界。在这同时，我们诉说着爱与对食物的享受。”

自 1980 年在德州奥斯汀开设第一家店铺后，全食物市场目前在全球拥有 362 家店面（其中 347 家在美国）。一家以“小众”诉求为出发点的有机超市，2013 年在财星 500 大企业中排名第 232 名，成为美国第八大食品和药妆连锁通路，年营收约 130 亿美元（过去22年营收的平均年复合成长率为25%），获利5.5亿美元，市场价值约 220 亿美元。

美国最著名的历史文件是《独立宣言》，而全食物市场最著名的文件却是“互赖宣言”（interdependence）。宣言的核心理念是“全食物、全人群、全地球都是互相依存，因此衡量公司是否达成设立宗旨的依据，必须考虑顾客满意度、员工（team member）的幸福与卓越、投资报酬率，与对本地环境质量的增进等多面向指标”。

由于全食物市场强调员工全人均衡发展的重要性，它的经营方式是极端的下放分权（decentralized）及赋能自主（empowerment）。全食物市场的基本单位是自我管理的团队（self-directed teams），按照店面的大小差异，每家店的员工人数可以小到50人多到650人。通常每家店由十个团队组成，每一个员工都归属于某个团队。为了贯彻命运共同体（shared fate）的意识，并且调和员工与股东的利益，全食物市场实行一种颇具巧思的利润分享机制（Gainsharing program）。每个团队每年度公司总部会订定一个团队预算，最主要的指针是劳动成本占营收的百分比，其实也就是团队劳动生产力。当该期的劳动生产力高于预算值时，一部分差额可作为团队分红，每四个星期结算发放，其他金额则纳入储蓄池（saving pool）中累积。当该期的劳动生产力低于预算值时，虽然不必扣薪水，但要由储蓄池中扣除；如果当期不够扣，则要扣在未来的储蓄池金额。如果整年度储蓄池余额为正值，就可以当成团队员工分红。

在这个制度下，劳动生产力是每个团员的核心利益。因此，包括新人的招聘与雇用（试用期一个月），都是由团队成员投票决定，而不是由总部人力资源单位统一招聘，或者由各店店长决定。为了帮助团员做好劳动生产力管理，也显现公司薪资的公平性，不仅本店，连其他分店中每一个团队成员的薪资、生产力、采购数据、分区经营团队、总公司经营团队的薪资分红等，完全公开透明。公司并且规定薪资差异上限：任何人以现金支付的薪资不得超过所有团员平均薪资的 19 倍；公司创办人兼目前的执行长约翰·麦基（John Mackey），自愿只收取 1 美元的年薪，而且没拿任何现金分红或股票选择权。由于公司对信息分享如此彻底，几乎绝大部分的全职员工都被美国证管会（SEC）归类为股票的内线交易人（insiders）。

执行长约翰·麦基对公司的经营下了一个简单的结论："全食物市场所有竞争优势的来源，都是因为文化！"

中西文化双融的"九五微积法"

达·芬奇在细微处积累强大力量的风格，启发我思考所谓的"九五微积法"。这里的"九"，来自《孙子兵法》中"以镒称铢"（也就是以大搏小）的思维。孙子认为决胜之道不是以小搏大，而是以大搏小。他明白地说："胜利的军队与敌人作战的情况，就好像是拿镒来跟铢比较轻重一样；失败的军队，它与敌人作战的情况，就好像是用铢来和镒比较轻重一样。"（《孙子兵法·形篇》）镒和铢都是古代的重量单位，一镒是 20 两（一说 24 两），24 铢为一两。也就是说，镒至少是铢重量的 480 倍以上。

要如何做到比竞争对手好上超过 480 倍呢？一个具体的下手处，是在商业模式或为客户创造价值的流程中，切割出至少九个细微项目，然后每个项目都做到比竞争对手好上两倍。2 的 9 次方等于 512 倍，如此，你就能做到孙子所谓的“以镒称铢”，代表有绝对的优势力量。

每个项目都做到比竞争对手好上两倍，并不容易。《中庸》（第 20 章）对于深度学习所提出的“五”个重点非常有用：

> 广博地学习，详尽地求教，慎重地思考，明白地辨别，切实地执行。除非不学，没有学会绝不放弃；除非不问，没有问清楚绝不放弃；除非不想，没想清楚绝不放弃；除非不执行，没做出成绩绝不放弃。别人学一遍就学会的，我学它一百遍；别人学十遍就会的，我学它一千遍。如果能做到这个地步，就算愚笨也会变聪明，就算柔弱也会变坚强。[①]

---

① 原文为：“博学之，审问之，慎思之，明辨之，笃行之。有弗学，学之弗能弗措也；有弗问，问之弗知弗措也；有弗思，思之弗得弗措也；有弗辨，辨之弗明弗措也；有弗行，行之弗笃弗措也。人一能之，己百之。人十能之，己千之。果能此道矣，虽愚必明，虽柔必强。”

每一次我重读以上这段文字，都深觉这是学习者“燃烧的斗魂”的实践！“九”强调的是切割细节，重点是“微”；“五”强调的是痛下苦工，重点是“积”。因此，我把这个方法取名为“九五微积法”。鼎泰丰正是“九五微积法”的绝佳范例。例如，鼎泰丰品牌的优势，至少包括下列九项：

1. 创新商业模式
2. 开发新食材
3. 食谱与烹调、保鲜技术
4. 标准流程及培训
5. 借重信息平台复制
6. 提供良好一致性的质量和服务
7. 全球加盟
8. 餐厅经营管理
9. 品牌经营专业

相对于其他以小笼包为主题的餐厅，几乎找不出具备上述九项要素者。就算是某个单一对应项目，鼎泰丰都轻易超过他们两倍以上。

就细节而言，如果开展上述的第 6 项（提供良好一致性的质量和服务），鼎泰丰远远超过对手两倍之处，起码包括：

1. 肉质鲜美
2. 面皮厚薄适中
3. 茶比较香
4. 醋酸而不呛
5. 姜丝切得较细致
6. 服务人员非常亲切有活力
7. 上菜速度够快
8. 厕所清洁度极佳（尤其女厕是每次使用过就清洁）
9. 甚至连找钱都用新钞（每天由公司向银行换新钞以便找给顾客）

鼎泰丰最重要的自我精进之道，是所谓的“现场数据主义”，也就是说，必须结合数据分析与现场观察，来找出问题的根本原因与解决之道。例如，鼎泰丰有一道很受欢迎的前菜干煸四季豆，虽然它的标准制作流程及细节十分清楚，但在现场观察到四季豆因为南、北部供应的菜商不同，加上豆子本身粗细不一，造成较粗的四季豆干煸火候不够，影响口感。经过内部反复讨论，解决之道是在挑四季豆时，就必须把粗细区别出来，较粗者必须要多油炸若干秒，口感才会一致。因为重视精微的细节，鼎泰丰看似

“小生意”，但却产生“大数据”，并且随时在上演“数据与人”因果关系的穷究。

取名“九五微积法”的另一个原因，是向西方的“微积分学”致敬。我大一的微积分学，是由台大数学系的杨维哲教授讲授。维哲老师的讲课内容直指数学思考核心，精彩无比。由于深受启发，我决定到数学系旁听（不敢正式修课，害怕被当掉）维哲老师的“高等微积分学”。原以为该课程是更为复杂的计算与应用，想不到居然一点计算都没有，反倒是针对“什么是实数”（real numbers）这个议题，就讨论了快三个月。我很震惊，为什么要花这么多精力，去证明一个问题解答到底存不存在，或者有唯一解还是有多重解这种没有实用性的东西？而被维哲老师抓上台，在黑板上做数学证明的恐慌与无助，更叫我此生难忘。那门课讨论的数学知识我几乎全部忘记了，但深深烙印在我心中的，是西方文化在“要多小就有多小”的微观世界中，追求“要多严格就有多严格”的思想纪律。这群追寻微积分学严格基础的数学大师，大部分是德国人。有这种文化基础，无怪乎德国在“精微”产业上（医药、化学、精密设备等）的竞争力领导全球。

杰出的绩效，无不建立在对细节的讲究上。例如，李安执导的《少年派的奇幻漂流》（*Life of Pi*），是荣获2013年四座奥斯卡、全球创下 6.1 亿美元票房佳绩的 3D 巨片。2011 年底，台中视保眼科曾受邀到片场协助拍片。拍片为什么需要验光专业呢？原来，在片中饰演童年 Pi 的演员泰登（Ayush Tandon），他的瞳孔颜色与饰演少年 Pi 的沙玛（Suraj Sharma）有些差异。为了视觉上的连接，所以需要替童年 Pi 配戴无度数的瞳孔变色片。一般观众不太可能看得出演员瞳孔颜色的变化，但因为有李安在“精微”处下的苦工，所以少年 Pi 的 3D 效果才能如此栩栩如生，赢得全球观众一致的赞叹。

在竞争激烈的运动场，精微之道依然重要。美国职业篮球联盟（NBA）的生涯得分王是贾巴尔（Kareem Abdul-Jabbar），他曾经回忆起 17 岁时第一次见到著名的加州大学洛杉矶分校（UCLA）篮球教练伍登（John Wooden）的情景。当时已经是高中篮球明星的贾巴尔，好奇地想见识大名鼎鼎的伍登教练会教球员什么新奇的绝招。1999 年，伍登被票选为美国 20 世纪最佳篮球教练，他的战绩包括生涯 885 胜、203 败，在十二年间赢得十次全美大学联赛冠军，其中还包括七连霸。贾巴尔没想到伍登教球员的第一个动作，就是要大家一起坐下来，把运动袜的每一个皱褶抚平，再服帖地把两双球袜逐一穿上，因为这样能降低脚底起水泡的机会。接着，伍登教球员如何牢牢地把鞋带系好，以免鞋带在激烈的练习和比赛中松脱。因为伍登相信：“冠军队赢在完美地贯彻每一个细微的动作。”

全球手机镜头的龙头大立光，也是贯彻“精微”之道的典范。例如，大立光在建厂时就开始消除造成质量微细差异的各种因素。一般厂房的楼层地板，水泥磅数用到 700 磅就已是高标准，大立光则起码用到 1,000 到 2,000 磅。一般厂房建设的梁柱是 10 米一根，大立光则是 5 米一根；因为同一个平面多加几根柱子，单位面积减少，扰动变形就小，可以提高设备精度。至于向下打地基，能挖多深就挖多深（起码地下两层到三层），尽可能让地下室做到隔绝震动及保持恒温（20℃，是所有光学检验仪器设定的标准温度）。一个 500 万画素以上的镜头，精密度必须要细微到 1 微米、2 微米（micrometer；1 微米等于百万分之一米，是一根头发直径的 1% 左右）。震动和温度不均是光学镜头的两大致命伤。由于光学镜头牵涉到极多种变量，从建筑物结构、设备、热度、温度、压力、塑料材料，还有物理特性等都必须精微的控制。试想，建厂只是大立光经营诸多因素中的一环，其他要管理的精微变量还有许多，这些形成了极难超越的竞争障碍。

“九五微积法”的四大辅助因素

要实践“九五微积法”，还必须注意以下四大辅助因素的配合。

1 / 没有精深，何来精微——以物理学和医学为例

如果没有精深作为基础，精微之道可能沦为琐碎片段， 找不到关键的细节。对此，物理学和医学都有很强的证据。

2014 年 3 月 17 日，美国斯坦福大学天文物理学研究团队宣布了他们惊人的发现。他们测量到宇宙形成后 0.0001 秒内所发出的重力波，证实了 1970 年代提出的宇宙暴胀理论（cosmic inflation）。根据这个理论，宇宙在诞生后一兆兆兆兆分之一秒的时间内，从原子大小变成太阳系大小，而能够在宇宙诞生的高温状态中被观测到的只有重力波。1916 年，爱因斯坦根据广义相对论，推论出应该存在重力波，但此后这个议题争论不休，连爱因斯坦一度都承认自己推论错误。一直到 1957 年，物理学界才建立起动力波应该存在的共识。如果没有这么精深的理论引导，科学家如何能够针对重力波的特性，设计独特的实验方式，在南极大陆（因为极寒冷，观测误差最小）捕捉到 140 亿年前的重力波?

再举一个医学案例。达·芬奇手术系统（da Vinci Surgical System），是美国直观手术公司（Intuitive Surgical）所研发的一种微创手术系统，2000 年在美国被食品药物管理局（FDA）核准，目前已在全球广泛使用。它由三个部分组成：一辆可移动式的手

术台车（有三支操作机器手臂及一支内视镜摄影手臂）、三度立体空间影像及光源摄影系统，以及医师操控座。达·芬奇手术系统，是由医师坐在操控座上，通过犹如人体手腕关节般灵活的机器手臂来执行手术。

达·芬奇手术系统让开刀医师可以直接看到3D影像，并操控机器手臂上的仿真手腕手术器械来执行手术。运用方面，就如同传统手术一样自然。并且，通过3D立体视野，更能提供医师高分辨率的影像，更准确地操作器械。同时间，达·芬奇手术系统能突破过去传统外科手术的局限，进入人手不能触及的狭小空间，操作精细的手术，且由于医师是采取坐姿进行手术操作，有利于医师进行长时间复杂或高难度的手术。

除了对医师有以上的好处以外，对于病人术中的进行以及术后的恢复也有许多优点。由于达·芬奇手术系统是微创手术，所以在手术时病患出血量少，大幅减少需要输血的机会。同时，微创手术可减少术后伤口的疼痛感以及降低伤口感染的风险，且恢复快、住院时间短，病患能更早回到正常生活。

试想，如果达·芬奇系统没有搭配犀利精深的3D影像系统，那么微创手术就会找不到关键的精微之处。

2 / 没有资源聚焦，哪来精微——以荷兰 ASML 半导体为例

摩尔定律（Moore's law）指的是集成电路芯片所整合的电路数目，每隔 18 个月就会增加一倍；因此微处理器的效能每 18 个月就提高一倍，价格下降一半。摩尔定律是引导半导体产业发展的精深之理，它明白指出竞争的决胜点在于制程愈来愈精微处。而能在如此精微之处胜出，资源的使用一定要聚焦。

荷兰的 ASML 公司，虽然是全球半导体显影设备的领导厂商，但对一般大众而言却是默默无闻。2012 年，ASML 提出顾客共同投资计划（Custom Co-Investment Program），让全球三大半导体龙头英特尔（Intel）、台积电与三星电子（Samsung），各自投资了 41 亿、8.38 亿、5.03 亿欧元，才让它声名大噪。

2000 年左右，ASML 曾经面对一个重要的抉择。当时 TFT-LCD 与半导体都是未来极为看好的技术，有一种选项，是将资源平均分配在这两个研发项目。但 ASML 考虑到半导体制程愈做愈精微的趋势，未来技术突破的难度愈高，投资也会愈来愈多，分散资源恐怕两头落空；因此，最后决定把资源集中在半导体领域。

除了资源集中以外，ASML 的精一能耐是善用开放性创新（open innovation）。ASML 除了本身拥有的核心技术之外，还善于结合全球杰出的零组件供货商，共同创造突破性的产品，这是 ASML 的“一”（核心能力）。例如，ASML 最先进的极紫外光刻机（EUV），最主要的零件是光学镜头，由全球光学龙头德国蔡司（ZEISS）提供，占其生产成本高达 20% 以上。ASML 能整合全球的策略伙伴，以卓越的项目管理能力，让研发能有效率地进行。相对的，该领域原来的领导厂商是日本的 NIKON。NIKON 是高度垂直整合的公司，它的半导体设备部门坚持使用自己光学部门的镜头，这种封闭式创新虽然有沟通整合的便利性，但缺点在于未能结合全球最佳的供货商。

3 / 没有长期耕耘，哪来精微——以汉微科的微测技术为例

与 ASML 有异曲同工之妙的，是台湾的汉民微测精技公司（汉微科）。汉微科成立于 2003 年，在公司成立之初就看准半导体零件在微小化趋势下，晶圆自动量测、缺陷检测的困难度会日益升高。汉微科研发最困难的电子束检测设备，来替代原本的光学检测系统（在 28 纳米之下已经出现瓶颈）。汉微科研发占

营收的比例极高（2012 年达 18.92%），260 名人员中，研发人员就占了 72 名。汉微科直到 2010 年才转亏为盈（由营收 11.5 亿、亏损 1.2 亿，到营收 15.2 亿、获利 2.5 亿），是十年磨成一剑的典范。

转亏为盈后，汉微科出现高速成长，2012 年营收 41.7 亿、获利 15.2 亿，而且有高达 68% 的毛利率与 36% 的净利率，也显示其产品的技术有极高的独特性与进入门坎。此外，汉微科的研发中心于 1998 年在美国硅谷成立，锁定下一世代半导体的解决方案，与强调技术的创新性，目标是成为世界领导性的制程设备厂商。像这种肯用十年以上时间在精微处建构竞争优势的公司，基业长青的机会通常比较高。

4 / 精微之道，也是微差创新之道——3M 善用微差力

所谓的“微差力”（该名词起源于日本）创新，是指国际企业将本来就有的技术或是材料，经过本土化设计后，产生具有细微差别的新商品。这种方法虽然不会产生具破坏性的创新，但只要在既有的产品上专注用心，依然可以在细节上令消费者感到贴心、感动。

微差力创新其实不容易，美商3M是其中的高手。例如，3M在2004年推出的魔布拖把就很有代表性。3M将厨房抹布在材质上稍做改良，再加上一个载具做成了拖把，一推出即受到妇女的热烈欢迎。除了魔布拖把，2007年3M推出的新丝舒眠被也是一项经典产品。这原本是3M在上世纪70年代研发出的一项保温材料，以往只应用在雪衣、雪鞋等产品上。但是3M台湾分公司进一步将这项保温材料应用于防螨棉被、枕头甚至是保温口罩上。

因为这种微差力的应用，使得3M在全球推出的新产品，总是与市场上其他相同或类似的产品有所区隔，同时也大幅降低了研发成本。

结论与警惕

2013年6月，我去参观著名的中台禅寺。中台禅寺一向以建筑及佛像庄严巨大闻名，但我印象最深的，却是在介绍中台禅寺附属小学时，负责导览的法师轻描淡写地解释：

> 替其他小朋友盛饭，是最基本的生活训练。小朋友必须学习把饭菜整齐地放置在餐盘上，而且每个人的分量要严格要求一致，以免让人起心动念。

是怎么样的“起心动念”？导览法师没进一步说明，我倒是设想了不少可能性。例如，当饭菜装盛得不整齐，会不会让小朋友比较不注重餐桌的整齐和用餐的秩序？当饭菜分量分配不均时，会不会让分得多的人沾沾自喜，让分得少的人心生不平？这些看似细微的事，都是禅寺训练小朋友要留意自己的一言一行对别人可能造成的影响。《中庸》里有句话非常能表达“起心动念”的力量——“致广大而尽精微”，意思是说，极精微之事与极广大之事，一个是起源，一个是开展，其实是一体两面。做得到“精微”，才可能成就“广大”。

什么是达·芬奇的“起心动念”呢？我在乌菲齐的艺术书局，看见一套刚出版的达·芬奇草稿全集，分成素描、科学、工程、医学等类别，总共厚厚的九大册。草稿涵盖范围之广、思考力道之专注持续（有些议题于数十年中持续出现、不断改进），都令人惊叹。我发现了一件过去不太了解的事——其实达·芬奇不只是艺术家、思想家，他有极强烈的渴望，要把创意变成美丽又有实用性的产品。当我看见苹果首席设计师乔纳森·艾夫（Jony Ive）[1]接受《时代》（*Time*）杂志的访问时，

① 也译作钱宁·艾夫，乔纳森·伊夫。——编注

这位被称为“乔布斯灵魂伙伴”（soul mate）的英国人，应该也拥有和达·芬奇一样的“起心动念”。艾夫说：“我们专注在创造和销售极大量美丽而且深思熟虑的事物。我们的成功是纯洁与真诚的胜利（victory of purity and integrity）。”艾夫自嘲说：“苹果有一点很恶名昭彰，我们要求产品的内部和外观一样漂亮，虽然这对提升功能一点帮助都没有。当你明明可以做得到，但就是差了这么一点点时，不管别人是否看得见，你就是自觉失败。”最后，艾夫提出他的观察：“似乎有愈来愈多人重新认同工匠精神！”苹果对产品美感与细节的坚持，是达·芬奇精微之道的极佳实践。

但学习达·芬奇的精微之道，有两点最要警惕：

1. 别以为创造美好事物必须依赖像达·芬奇一样的天才，艾夫认为，一切还是要靠团队的力量。苹果有一个大约15人的设计团队，大家一起工作起码15到20年了，不仅默契极佳，也完全共享“对创造美好事物的尊敬与热情”。但这还不够，艾夫强调连工程师团队也要建立起“设计美感不容妥协”的文化。

2. 别以为追求美好的事物就可以不强调时效。艺术作品没有生命周期，所以达·芬奇可以不讲究时效。事实上，达·芬奇有许多作品是贵族或富商的委托案，应该是有期限的。达·芬奇恶名昭彰的坏习惯，是留下一堆为了追求完美而无法完成的案子；而在企业经营中，不讲时效、不能创造经济价值的案子，就算再怎么美好，都不是好案子。

参考数据

1. 朱成志，《工匠精神的瑞士概念股》，第 123–124 页，天下文化，2004 年。
2. 吴修辰、康育萍，〈最强股王大立光〉，《商业周刊》第 1375 期，第 61 页，2014 年。
3. 朱熹，蒋伯潜译注，《四书读本》，启明书局。
4. 彭芃萱，《你不知道的 3M》，商周出版，2010 年。
5. Wooden, J., & S. Jamison., 2005, *Wooden on Leadership*, McGraw Hill.
6. 利安德·凯尼（Leander Kahney），《苹果设计的灵魂——钱宁·艾夫传》（Jony Ive: *The genius Behind Apple's Greatest Products*），连育德译，时报出版，2014 年。

第 5 章

向米开朗基罗学精壮
——论“老妇孺没有弱”

前面几章讨论过的画作，都陈列在乌菲齐的东翼画廊。离开东翼画廊，有一段大约 30 米的走廊通到西翼画廊。由走廊左手边的大片窗户看出去，就是穿过佛罗伦萨的阿尔诺河（River Arno），跨越阿尔诺河最有名的老桥（Ponte Vecchio，桥上开满一家家金饰店），以及其他一座座连结阿尔诺河南北岸的桥梁，我通常会在窗户旁停留一阵子，让视线抛向远方的教堂尖顶，解除长时间凝视画作的疲劳。接着，昂首走进西翼画廊吧，米开朗基罗就在入口处招呼你。

米开朗基罗在佛罗伦萨留下大量雕刻杰作（例如第 2 章的大卫像），但却只留下一幅名叫《圣家园》（*Holy Family*）的画作。这幅画是罕见的圆形，构图的中心是圣母玛利亚。米开朗基罗颠覆过去画家所塑造的那种慈爱柔美的形象，把圣母画成一个健美强壮的中年妇人，臂膀上还可以看到明显的肌肉。在画中，圣母正把圣婴（耶稣）高举过头，向后传递给耶稣的父亲圣约瑟（Saint Josef，在艺术作品中较少出现）。耶稣是一个活蹦乱跳的婴儿，肥嫩的小手臂竟然也看得到肌肉。而圣约瑟虽然发白头秃岁数不小，但依然看起来结实强壮。

我把这幅画拿来当成台大 EMBA 个案讨论教材，请同学回答

由乌菲齐二楼走廊俯瞰阿尔诺河以及老桥——摄影 / 刘顺仁

以下问题：“在圣母传递圣婴给圣父的过程中，万一圣婴掉到地上，谁该为这个失误负起责任？”在一阵错愕后，我听到同学们各种有趣的答案。

大概有八成的同学，而且以女性为主，会说圣母玛利亚应该要负起全责，因为她不该用这种不安全的姿势，把婴儿向后传递。

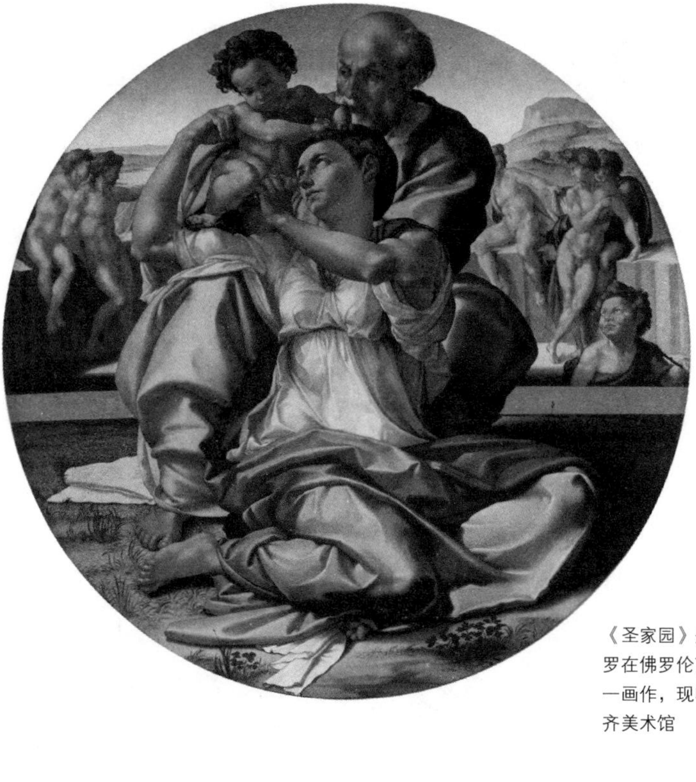

《圣家园》是米开朗基罗在佛罗伦萨留下的唯一画作，现收藏于乌菲齐美术馆

大约有一成半的同学，会说圣父约瑟夫应该要负责，因为他站在圣母与圣婴的正后方，是婴儿传送任务的制高点；他的视角最完整清楚，他是男人，力气也应该最大，怎么可以让婴儿掉下来？只有不到5%的同学认为，圣婴自己也要负起责任，因为就算是妈妈传得不好，或爸爸接得不好，圣婴也必须自求多福，保护自己不要掉下去；况且圣婴年纪虽幼，肌肉却隐约可见，应该也有力量自救。

虽然个案讨论没有标准答案，但我的看法是：这三个人都必须负起责任！我提供一个另类解读，这三个人分别代表老（圣父）妇（圣母）孺（圣婴）。我们常讲“老弱妇孺”，我相信米开朗基罗一定会替“老妇孺”打抱不平，反问：“为什么‘老妇孺’一定要跟‘弱’摆在一起呢？”因为，米开朗基罗自己就百分之百不服老。

1564年，米开朗基罗已经89岁，临死前五天，他还在一块坚硬的白色大理石上，雕刻另一座圣母怜子像（*Pieta*，他一生中总共雕了四座）。2004年，我曾在米兰的斯佛尔扎城堡（Sforza Castle）见过这件未完成的遗作，内心非常震撼。虽然还是一个粗胚，但由其构图与线条，可看出和过去的作品完全不同。对于创作和创新，米开朗基罗可真是至死方休，他怎么会服老、怎么会示弱呢？！

米开朗基罗病逝在罗马，归葬于家乡佛罗伦萨的圣十字教堂（Basilica of Santa Croce）。在佛罗伦萨的第一个月，我就住在圣十字教堂旁边。每天出门时，我不是远远的在心里默念："你好啊，米开朗基罗！"就是直接进教堂，抚摸几下他陵墓前的大理石雕像，有一种跟老朋友话家常的亲切感。有一天，一副口气非常"米开朗基罗"的对联，突然在脑海中浮现：

老妇孺没有弱

春夏秋不见冬

如果让米开朗基罗来教管理学，我猜他会这么解释这副对联：一般人认为企业中所谓的"老妇孺"，是信息、人资、法务、会计等幕僚单位，因为它们无法创造营收及获利，很容易被认为没有太大的贡献。但这些服务部门可千万不能妄自菲薄，把自己真的变成弱者。反之，如果连服务部门都能成为创造绩效的英雄，这种全方位卓越的经营团队，才有可能打破产业成长由盛而衰的魔咒，做到让企业只有春、夏、秋（布局、成长、收获）三季，而看不到像冬天这种摧毁过去累积之绩效的季节。

在米开朗基罗的世界里，人必须强壮地面对痛苦，不可以软弱地被命运摆布。这种气魄和心态，就是本章要强调的“向米开朗基罗学精壮”。而企业各个幕僚单位要修炼“精壮”之道，就必须实践“硬里子”哲学。

好戏要靠硬里子

我对“硬里子”哲学的体会，来自于京剧。大学时期对京剧非常着迷，曾加入台大国剧社学习老生的表演，还粉墨登台唱了几出戏。当时国剧社的指导老师，是陆光国剧队的杨传英。传英老师不是科班出身，因为热爱京剧，中年后才拜师学艺，改行为职业演员。传英老师常自谦自己半路出家，是个外行。有一次，我向京剧界的一位前辈田老提起传英老师，田老竖起大拇指说：“杨传英真是一个硬里子！”我听不太懂，田老解释说：“陆光国剧队的当家老生是周正荣（著名戏剧演员吴兴国的老师），他就是所谓的头牌老生。杨传英是配角，叫做二路老生。但因为他的活特别好，我们把这种演员叫‘硬里子’。里子就是衣服的内里，外面的人虽然看不到，但穿衣服的人，却可以清楚感觉到它舒不舒服。可别以为台上只有主角重要，其实，一出戏的总分，不会超过配角的表现。要是配角不好，整出戏就散了！”

传英老师的代表作是《马鞍山》，这出戏描写战国时代晋国大夫俞伯牙出使楚国，途中经过马鞍山，抚琴自娱，巧遇樵夫钟子期。子期虽然没念过书，但不管伯牙弹奏对高山的仰慕，或对流水的低回，他都能直指抚琴者的内心深处。伯牙喜获知音，两人结为兄弟而别。第二年，伯牙携琴再度入山探访子期，中途遇见子期之父元甫，才知道子期不幸早死。伯牙到子期墓前哭祭，最后再抚琴一回，因为感伤知音难再，于是敲碎古琴，终生不再弹奏。这出戏的主角是俞伯牙，由周正荣扮演；配角是钟父元甫，由杨传英扮演。《马鞍山》是出冷门戏，但周杨两位先生每唱必定满座。传英老师虽然是配角，但总是唱得神气十足，苍劲有力，不故意抢戏，但也毫不示弱。周正荣既爱艺术又好面子，怎么受得了唱输配角，所以也一定会铆足全力。因此，这出戏情感丰富、精神饱满，把冷门戏唱成热门戏，真是好看极了！

传英老师有一个令人佩服的习惯，他经常说："台面上的活儿你都要会。"意思是说，只要是同时出现在舞台上的每个演员，他们的台词、唱腔、动作等细节，甚至包括文场胡琴的过门，武场锣鼓点子的节奏，他都会用心揣摩，全部背下来。这么做，一方面可以增加自己表演的深度与情感，另一方面可以让主角唱得舒服、衔接得漂亮。万一同台演员临时忘词或走错位置，他还可以及时提醒。在台湾，京剧是一个冷门的表演艺术，但传英老师始终坚持把“硬里子”的角色做好，不只谨守本分，也带动团队整体绩效。

田老的结论很发人深省：“杨传英的二路老生，台湾第一，就算放眼中国，也是顶尖。他戏好，属于‘戏艺’的部分还容易学，属于‘戏德’的部分最可贵、最难学！”大学毕业三十多年后，当年传英老师帮我说戏、把场（指演出时在后台叮咛、提醒）的情景仍然历历在目。而他那种不注重“我自己的表现”，只关心“我们共同演一出戏”的风范，真是叫我佩服、怀念啊！

萧何是天下第一等幕僚

要论起当组织里的“硬里子”，恐怕没有几个人比得上汉朝初年的萧何。

根据《史记》记载，楚汉相争时，刘邦的军队率先攻入秦朝的首都咸阳。当时，大部分的将领忙着到处掠夺金银财宝等战利品，但萧何别具慧眼，搜集的是秦朝丞相府和御史单位所典藏的地图、法令、政府文书及统计资料。之后，在楚汉长达七年的争斗中，刘邦之所以知道各处的地形地物、户口多少及各种民生疾苦，都是因为掌握了这批关键资料。因此，萧何可以算是全球第一个信息长，能够掌握决胜的核心信息。

萧何的这种功劳，当下看不出来，事后也很难评估，这就是幕僚工作先天的难处。但是，英明的老板怎么会不识货呢？所以当汉朝成立五年后，刘邦独排众议，评定萧何为开国第一大功臣。当时，将领们都非常不服气，认为萧何没有任何战功，只是动动嘴皮子而已，凭什么绩效比他们好？刘邦很不客气地说："以打猎做比方，追杀猎物的是猎狗，发出命令指出猎物所在位置的是猎人。你们这些将领只能接受命令捕捉猎物，是猎狗；至于萧何，他能发号施令，才是猎人。"这一席老辣直率、含义深刻的论述，让众将领哑口无言，不敢再争功。

萧何同时也是一位杰出的人资长。例如，在韩信还没有被刘邦所重用之前，萧何曾经数次与他谈话，觉得韩信是个奇才。有一次打败仗，刘邦军中有数十位将领逃亡；韩信猜想，萧何应该已经向刘邦推荐过自己了，怎么还是没有被重用？就也失望地逃走了。萧何听说韩信跑了，来不及向老板报告，连夜前去追赶。有人向刘邦打小报告："丞相萧何逃跑了！"刘邦失去了左右手，又气又急。几天后萧何回来，刘邦责骂他说："你为什么逃亡？"萧何回答："我不是逃亡，我是去追逃亡的人。"刘邦又问："你去追谁？"萧何答："追韩信。"刘邦骂得更凶："几十个将领逃亡你都不去追，说是去追韩信，我才不信！”萧何解释道：“其他的将领容易得到，但是韩信这种人才，可说是举世无双。如果你只想在关中当王，就不必重用韩信。但你如果想要争夺天下，没有韩信就不能成就大事！”刘邦说：“我当然要出关中争天下，怎能够一直被困在这儿！”萧何说：“如果你有争天下的雄心，又能重用韩信，韩信才可能留下；如果你不能重用他，有一天他还是会逃走。”刘邦说：“那么，我给他一个将军的职位。”萧何说：“光是当将军，韩信是不会留下的。”刘邦说：“那么，封为大将好了！”萧何这才高兴地全力支持。刘邦立刻想把韩信召来，封他职位。萧何不客气地反对道：“老板，你素来对人傲慢无礼，现在封大将好像在使唤自己的小孩，这就是你为什么留不住韩信。如果你真想封韩信为大将，要挑一个黄道吉日，自己先净身斋戒，并举行盛大的布达典礼仪式才可以。”刘邦完全遵照了萧何的提议，韩信因此才成为刘邦团队的核心干部。

萧何当幕僚有三大特色：

1. 他关心的是组织的利益，而不是个人的利益。当然很关键的原因是，他率领整个家族数十人跟随刘邦打天下，完全没有分散风险。因为同在一条船上，他对本末轻重的判断与选择，和老板极为相似，也得到老板极高的信任。

2. 他所从事的工作，对组织都有关键的意义，但影响力却经常是长期、间接、无形的。

3. 他以主动、积极的态度工作，不仅不需要老板定义 KPI（key performance indicator），也充满创意地自定义目标；此外，他在执行的过程中也不需要老板监督。

萧何这种幕僚，就态度上远远超越负责（responsibility），而臻于当责（accountability）之境。其实，萧何本身就具备优质领导人的特质。而刘邦这种老板，就智慧上远远超过只看表面绩效，而能深入到了解创造绩效的长期、间接、无形等关键因素。

信息部门的重要性——英特尔的豪情 IT

2004 年，我第一次看见英特尔信息部门出版的绩效年报（Intel IT performance report）。一个信息部门敢宣称自己是公司竞争力的关键因素，又这么勇于沟通，颇令人感到惊艳，觉得颇有萧何之风。

其实信息部门的庞大支出，一直是企业非常头痛的问题。最常听见的抱怨是："不投资，生怕IT技术赶不上人家；要投资，又不知道实际的绩效在哪里，要怎么衡量？"当我进一步研究，就可以体会英特尔的IT部门，为什么要这么大费周章地来沟通自己的绩效，因为IT部门的规模还真不小。2004年，英特尔全球有8.5万名员工，其中6,469名是IT人员，占公司总人数的8%。而每人每年分摊到的IT支出为12,118美元。IT年度支出占总营收的3%。十年来，英特尔员工增加到9.15万人左右，而IT人员反而降低至6,400人。简单说，英特尔IT部门想证明自己，能以更少的员工与资源做更多的事。

英特尔IT部门经常重新定义自己的愿景。例如，2004年的愿景是"提供、保持IT正常营运和发展所需的IT解决方案"。2009年，IT部门非常自豪地说："IT要成为英特尔最具竞争力的部门。"并且宣称IT部门为英特尔创造10亿美元的显著效益。这个数字是怎么算出来的？英特尔IT部门首先详细分析它的解决方案能替相关部门节省多少时间，这些时间再乘上合理的每小时薪资，就成为IT部门的效益。最后，英特尔IT部门还要让所服务的部门首长认可其估算方式，以昭公信。到了2013年，英特尔IT部门则强调要让公司内的使用者能以多元的工具、多式样的平台，应用最先进的技术来加速公司转型。

此外，英特尔 IT 部门通常会由以下五个构面来呈现其绩效：

1. 财务效益的衡量（例如，将节省的时间转换成货币单位）。
2. 服务协议的达成（例如，第一通电话就解决问题的比例由 85% 增加到 95%）。
3. 客户的满意度：在网络上由各个相关部门填写满意度调查表。例如，2007 年满意度为 93.5%，已经很接近设定目标 95%。
4. 量化的其他成果（例如每年网络设施当机的次数、时间）。
5. 在整个 IT 服务业中如何扮演领导者的角色，以及这种经验如何帮助公司研发增加 IT 生产力的产品。

事实上，英特尔 IT 部门的规模与复杂度，已经大到可以成为一家独立的信息服务公司，而它也的确是以这种定位在沟通它的理念与存在价值。对绝大多数企业来说，英特尔 IT 部门十几年来所累积的绩效年报，以及所使用的各种 IT 绩效指标，都是企业精进 IT 的实战经验。

亚马逊创造价值的幕僚奇兵

除了满足公司的内部用户，信息部门其实也能成为带动企业成长的奇兵！2002 年，亚马逊发现它所投资的网络设施有不少闲置产能，为了增加设备利用率，它开始小规模的出租网络设施。这部分的收入，与各种杂项统称为“其他收入”。不久，亚马逊的资讯工程师发现，这些网络设施的租用者几乎都是刚进入电子商务产业的新手，他们所遭遇的各种疑难杂症，亚马逊都曾经有过切身之痛，目前已经有良好的解决方案；因此说服高层，加码扩大对网络服务的投资。2011 年，亚马逊在年报中大篇幅的讨论这项“其他”业务，说明它如何帮助个人与中小企业进入出版与电子商务的世界。这项所谓“其他”业务的营业额年成长率高达 70%，又拥有一个时髦的新名词，叫做“云端服务”［cloud services，或称网络服务（web services）］。亚马逊的 IT 部门，能由小生意中逐步看到大商机，更将自身的核心能力创造性地转化到另外一群顾客身上。2013 年，亚马逊商品销售收入为 609 亿美元，服务收入则已高达 135 亿美元。

近年来，亚马逊的网络服务竞争力提升极快。例如，IBM 在大型政府或企业信息计划的竞争中是常胜军，如果 IBM 在竞标中败阵，通常是因为虽然功能远胜于对手，但价格过高，不被顾客接受。2013 年 1 月，美国中央情报局（CIA）宣布亚马逊打败 IBM，赢得为 CIA 建设私人云（Private Cloud）的项目，这个为期四年的项目金额高达 6 亿美元。

令人惊讶的是，亚马逊的投标价格还比 IBM 高出 5,400 万美元。CIA 的野心，是建立一个可以分析大量、复杂数据运算功能的系统。如果前四年运转顺利，这个项目将会延续到第十年。而亚马逊本身在云端运算的经验，使它的提案在各种技术层面的考虑上都优于 IBM，而且在风险因素上都低于 IBM。CIA 的这个决定让 IBM 十分不服，认为招标过程不公平、不合理，一状告上了联邦法院。同年 11 月，联邦法院严词驳回 IBM 请求重新竞标的申告。IBM 只好乖乖认输，放弃上诉。亚马逊则认为，这个案子它们本来就有优势，因为亚马逊的 DNA 就是以零售业起家、处理“大量且低价”的信息能力。而这种文化优势，是 IBM 或甲骨文（Oracle）这种习惯于高毛利的竞争对手无法模仿的。

亚马逊还有一个叫做“竞争情报”（Competitive Intelligence）或“间谍团队”（espionage team）的特别幕僚群；它在组织上隶属于财务部，但工作并不是传统的财务管理。“竞争情报”团队以追踪竞争对手、击败竞争对手，最后收购竞争对手的攻击手法著称。2009 年，“竞争情报”收购魁西网购公司（Quidsi）的过程，就是它典型的运作方式。魁西网购创立于 2005 年，主要锁定的顾客是新手父母的族群，聚焦在以低价、快速、免运费的方式销售尿布、奶粉等一系列完整婴儿用品，并打出“除了婴儿，我们什么都卖”的口号。2009 年，亚马逊宣布开始投入婴幼儿市场，并将相关产品的价格下杀 30% 之多。魁西网购不久后发现，亚马逊的低价战术，让自家的收入成长开始变得缓慢，创投也不愿意再加码，但魁西又还没有成熟到可以立即上市。

2010 年，饱受压力的魁西网购创办人远赴西雅图，与亚马逊讨论并购的可能性。而就在开会当天一早，亚马逊发出新闻稿，宣称将提供新手爸妈多项价格和宅配服务的超值优惠。而“竞争情报”团队花了将近几个星期，针对魁西网购的财务状况进行深入分析，建议亚马逊出价 5.4 亿美元作为并购条件，并且只有 48 小时的考虑时间。如果不同意，亚马逊宣称价格战仍会继续下去。同时间，沃尔玛也加入战局，愿意将购并金额提高到 6 亿美元。但亚马逊威胁魁西网购，如果卖给沃尔玛，亚马逊疯狂的价格厮杀不但会继续，更有可能将婴儿尿布的价格降为零元。2010 年 11 月 8 日，魁西网购卖给了亚马逊，“竞争情报”团队又攻下一城。

大多数的幕僚工作都被弱化为“守势作战”，重点经常是避免犯错；以上亚马逊的幕僚工作，都已经强化为“攻势作战”，重点是创造独特价值。

绳索再强，强不过最弱的一环

2012 年底，我到荷兰进行企业参访，艾琳开车到阿姆斯特丹机场接我。艾琳十分好客，跟我说：“阿姆斯特丹你已经来过好几次了。这次，我带你到我的家乡、荷兰的古都台夫特（Delft）走走。”一小时后，我们在台夫特市集广场（Delft Market Square）坐下来用餐，遥望着前方高耸的地标“新教堂”（The New Church，16 世纪以来荷兰皇室的安葬地），艾琳大发思古幽情，居然考起我的台湾史：“1662 年，郑成功打败荷兰东印度公司派遣到台湾的支持部队。虽然打败仗，不过郑成功对我们荷兰人还真不错，所有家当和细软都可以自由带走。但是有一样东西，郑成功一定要我们留下。你知道那是什么吗？”艾琳看我一脸茫然，决定不为难我了，直接公布答案：“那就是荷兰人在台湾课税的账册！”艾琳说道：“荷兰人统治台湾 50 年，各种可以课的税都课了。课税可是一门大学问，太轻会让财政吃紧，太重会让人民造反。知道我们荷兰人是税法高手，郑成功的幕僚可真是有眼光！”

其实，台夫特虽然以皇家古都著称，真正的当地英雄却是格劳秀斯（Hugo Grotius, 1583–1645）。格劳秀斯是国际法与海洋法的鼻祖，有“国际法的莫扎特”（the Mozart of International Law）之称。他所提出的海洋自由论（Freedom of the Sea），提倡公海的自由航行权，对荷兰这种新兴海权国家，提供了相关法律原则的基础，对突破当时西班牙与英国对海洋贸易的垄断贡献极大。

距台夫特不远的海牙市（Hague），拥有一个全欧洲国际法排名第一的莱顿大学（Leiden University）。1594 年，年仅 11 岁的格劳秀斯成为当时最年轻的大学生。在他的影响下，莱顿法学院的国际税法更是执世界之牛耳。我的学生青伦，在台大取得会计学硕士学位后，慕名到莱顿法学院又念了一个国际税法硕士，目前在卢森堡从事国际租税规划的工作。对于法律专业如何帮助国家产生一个高附加价值的行业，青伦常和我分享他第一手的观察。根本上，荷兰长期领导国际税法观念架构和法律实务的发展。虽然欧盟有许多比荷兰更强大的国家，但是论起理论、案例，以及和各国税务机关发展长期紧密的关系，没有任何国家比得上荷兰。可见，法律专业只要能发挥“惟精惟一”的精神，一样可以发展出全球的竞争优势。

相对的，不重视法律，不只是会承受经济上的损失，更会让经理人面对牢狱之灾。几年前，我受邀到奇美电子演讲，认识了当时担任总经理的何昭阳先生。何总是一位专业厚实、诚恳亲切的长者，我对他十分欣赏与尊敬。2009 年 7 月 26 日，何总因为奇美被指控违反美国反托拉斯法（目的在防止市场被垄断、操纵，立法于 1890 年），一肩扛起责任，接受认罪协商，前往美国加州 TAFT 监狱，开始 369 天的刑期（最高可判刑十年）。同时，奇美还必须缴纳 2.2 亿美元的罚金。何总用很豁达的态度分享狱中经验，他说求生法则是牢牢记住这三句话——“一，I am Sorry；二，Yes Sir；三，Yes Sir, I am Sorry。”这份平淡中的沉重，让我深思许久。而何总的遭遇引发的另一个省思，更值得警惕：奇美耗费台币近 1,000 亿元盖 TFT-LCD 七代厂， 虽然资本支出规模这么庞大，但配置的法律资源却这么少，根本无法保护公司及高阶主管。台湾企业界重技术、轻幕僚的后果，真是非常严重。在整个 TFT-LCD 的反托拉斯诉讼中，只有韩国三星电子因为转为污点证人，公司免罚款、经理人免服刑。相对的，华映被罚 6,500 万美元，三位经理人赴美服刑；彩晶被罚 3,000 万美元，一位经理人赴美服刑。友达初步被罚了 2,400 万美元，因为仍在上诉中，目前经理人的刑责尚未确定。

反托拉斯法开刀的对象，并不限于科技业。2013 年 4 月，台湾车灯大厂帝宝总裁许叙铭也同样因为反托拉斯案，赴美服刑 282 天（也在加州 TAFT 监狱），公司被罚了新台币 25 亿元。绳索再强，强不过最弱的一环。这个重要的道理，不断被验证。

总务处居然成为医院绩优生

2013 年 3 月，我受邀担任台大医院年度各部门平衡计分卡（balanced scorecard）的期末发表会评审。由于参加部门有四十几个，因此评审会议必须用到整整两个下午，由各部门主任负责报告，再选出绩优部门。台大医院人才济济，各部门大都有相当杰出的表现，但总务处的表现出乎我意料之外。一般而言，总务处即杂务处，很难有杰出表现，但黄子芬主任的报告令我刮目相看。在以提升台湾医疗服务后勤支持质量的愿景下，黄主任非常扼要地说明在四大构面（财务、顾客、内部程序、学习与成长）18 项指标的一年来成果。例如，光是降低财产采购成本、增加非医疗收入、降低生物废弃物处理成本这三项财务指标，总务处估计一年内就为台大医院创造了近 5,000 万元的利润。至于其他指标，大者如支持各分院总务事项以提升台大医疗体系的综效，小者包括让 89 处列管公厕全部列为特优、让公共区跌倒件数持续减少等。大家突然发现，能把许多杂事好好管理，就是在做大事。在评审会议结束后，我立刻前往总务处，恭喜黄主任的杰出表现。不出我所料，总务处成为当年行政支持组的第一名。

2014 年 9 月，我再次打电话向黄主任致意。这次是因为发现台大医院新开张的微风广场美食街，在进驻厂商食物的美味、多元、健康，或者用餐环境的卫生、舒适、美感方面，都远远超过传统医院的商场。总务处在规划与监督上，一定用力甚深。在新的美食街用餐，对于病人或陪伴的家属，有一种心灵被抚慰的温暖感觉。不出我所料，这种氛围也吸引许多附近的上班族前来用餐。其实，总务处对医院获利的贡献不小，商店街的招商、议价与管理就是重要课题。由于健保对医疗给付的控管相当严格，因此医疗服务的利润空间愈来愈小，不少医院来自商店街的“业外收益”愈来愈重要，这是在生存压力下所发展出来的“诚品模式”——事业本身不赚钱，但靠周边的商业空间赚钱。

以 2013 年“诚品生活”的财报为例，诚品书店的自营销货收入约 6.49 亿，但周边商场专柜抽成收入约 21.99 亿（专柜销货总收入约 100.76 亿）；虽然商场是主要生意来源，但没有诚品书店独特的魅力，也无法创造商场的来客量。其实，医院的经营也颇为类似。没有优异的医疗质量，就不可能创造人潮，也就不可能有美食街、停车场等“业外收入”。但如果医院所定义的“顾客”

只局限于病患，就会忽略陪伴家属所需要的优质服务，以及可以创造的庞大商机。而在“医疗诚品模式”中，优秀的幕僚群极为重要，总务处就是其中的一环。

结论与警惕

精深，帮助企业看见大方向；精微，帮助企业聚焦在关键的细节；至于精壮，则帮助企业提升“长期、间接、无形”的“隐性”幕僚功能，才能和企业创造营收与获利的“显性”业务功能，发挥相辅相成的功效。简单地说，好好学习米开朗基罗“老妇孺没有弱”的精壮，自然就会有“春夏秋不见冬”的绩效。

此外，佛罗伦萨辉煌的艺术成就，并不只是依赖像达·芬奇和米开朗基罗这种不世出的天才。其实，佛罗伦萨当时已经摸索出一套模式，利用市场竞争机制，让顶尖艺术家们对决，淬炼出每个人生命的精华。佛罗伦萨的市政厅提供了一个很精彩的案例。

市政厅由 13 世纪起开始兴建，是佛罗伦萨古城区最雄伟的建筑物。1494 年时，佛罗伦萨仍是共和政体（后来为美第奇家族推翻，改为君主集权），市政厅中有一座长 52 米、宽 23 米的超大聚会空间，为的是容纳当时的市议员开会，又名五百人大厅

佛罗伦萨市政厅的五百人大厅（Salone dei Cinquecento），左右为瓦萨里（Giorgio Vasari）的巨幅战争壁画
By Joe deSousa@flickr

（Salone dei Cinquecento）。为了装潢这座大厅，共和政府想出一个精彩绝伦的点子——让早已成名的达·芬奇和当时的艺术新锐米开朗基罗同台较劲。1504 年 5 月 4 日，达·芬奇和佛罗伦萨市政府签约，要在市政大厅上画一幅打败米兰军队（battle of Anghiari）的湿壁画，约定在 1505 年 2 月底完成。1504 年 9 月，米开朗基罗也受雇在达·芬奇的对面墙，绘画歌颂佛罗伦萨 1364 年大胜比萨的战争。

达·芬奇爱创造发明的老毛病不改，除了绘画之外，他还想改良当时湿壁画所使用的材料。结果不幸试验失败，部分已经画上去的图画，很快就出现剥落的现象。刚好此时米兰大公爵召唤达·芬奇前去商议新委托案，他借机逃之夭夭，再也没回过佛罗伦萨。米开朗基罗这边的运气也不太好，先是壁画草图被人偷走，接着在罗马的教皇尤里乌斯二世（Pope Julius II）召唤他去绘制西斯汀教堂（Sistine Chapel）的穹顶画，他也因此放弃了佛罗伦萨市政府的委托案。

（右图）米开朗基罗于西斯汀教堂所绘的穹顶画《创世记》。历时四年多（1508–1512），以连续九幅的宗教题材组成，所绘人物多达三百多人；其中最知名的一幅画是《创造亚当》（The Creation of Adam）。By Aaron Logan [CC BY 2.5]

这个被两位大师放弃的烂摊子，最后在1555年到1572年间，才由美第奇家族的御用画家瓦萨里（Giorgio Vasari）完成。瓦萨里功力深厚，两幅遥遥相对的巨幅战争壁画，优点是气势磅礴、极有气派，缺点是风格雷同、缺乏惊喜。试想，如果当初达·芬奇对决米开朗基罗的构想能够实践，这可是艺术史上的超级大竞赛。这个构想的背后，其实反映着文艺复兴时代极重要的观念——通过绝顶高手的竞争，来激发生命最高的潜能。这个原则可以用在艺术，也可以用在科技发明（例如现代美国的硅谷，其创新精神就相当于中世纪的佛罗伦萨）。

类似这种艺术家的较劲，几乎在每个佛罗伦萨的教堂中上演。佛罗伦萨的教堂，主神坛的两侧都隔成一间间的小教堂，通常都由当地的贵族或富商通过对教堂的捐赠而取得，作为家庭礼拜之用。而有钱或有权的佛罗伦萨人，无不掷下重金礼聘当地最有名的艺术家，以雕刻、绘画、空间规划等各种艺术形式，让自己家庭的小教堂成为他人羡慕、模仿的焦点。由于教堂代表永恒，在此的对决赛可是关系着永恒的荣辱。这种竞争机制的设计，让个人的野心和潜能充分发挥，也是文艺复兴留给后代的宝贵资产。

下一章，让我们去造访拉斐尔（Raphael Sanzio, 1483-1520）。他与达·芬奇、米开朗基罗号称“文艺复兴三杰”。

第 6 章

向拉斐尔学精密

——修炼“协同合作”的核心能耐

让我们离开乌菲齐，走过著名的老桥，来到阿诺河南岸的碧提宫（Pitti Palace）。1458 年，佛罗伦萨著名的银行家路卡·碧提（Luca Pitti）开始建造私人住宅碧提宫。虽然路卡在政治上支持美第奇家族的统治，但论及住宅的奢华，他却有着“窗户要比美第奇住宅大门更宏伟”的好胜心。1472 年，路卡去世，但碧提宫尚未建成。由于碧提家族财力不足，迟迟无法完工；1550 年，碧提宫终究卖给了美第奇家族，从此成为托斯卡纳大公爵的官邸。

现在的碧提宫，分割成几个博物馆以及一个古典意大利式的花园波波利（Boboli Gardens）。博物馆中艺术收藏质量最佳的是帕拉汀娜画廊（Palatine Gallery）。帕拉汀娜的可看性虽然远不及乌菲齐，但它有两个优点。第一，旁边的波波利花园占地极广，有大片的草地、壮观的喷泉、缤纷的花房，并且散布着许多优美的雕像。波波利过去是美第奇家族的私人花园，现在则是欣赏艺术之余散步的好地方。第二，帕拉汀娜有全世界最丰富的拉斐尔油画收藏。其中，我最钟爱的画是《圣母、圣婴与施洗约翰》（*Madonna della Segiola*，绘于 1514 年）。这幅画无论是人物构

拉斐尔的《圣母、圣婴与施洗约翰》，现收藏于佛罗伦萨的碧提宫

图或色彩运用，都无比柔和、甜美；而圣母玛利亚在拉斐尔的画笔下，仿佛是个绝世美女。这就是拉斐尔，用绘画带给人浓浓的幸福感、厚厚的和谐感。

文艺复兴三杰中，达·芬奇与米开朗基罗的大名，几乎无人不知。有趣的是，他们却都常让顾客伤透脑筋。达·芬奇是个无一不精的天才，但他兴趣太广泛不能专注，导致经常无法完成委托案；米开朗基罗艺冠群雄，早有公论，但他创作时，连对委托人也不愿意沟通作品内容，项目进度又常因为力求完美、不愿意外包而严重落后。

相对的，年轻的拉斐尔，其管理才华远超过两位前辈。16 世纪初，拉斐尔主持一个约 50 人的工作室，是当时最大、最有生产力的艺术项目承包团队。试想，达·芬奇活了 67 岁、米开朗基罗活了 89 岁，这两位大师一生都孜孜不倦地在创作，37 岁就英年早逝的拉斐尔，凭什么在历史定位上与前辈们三分天下？拉斐尔的超级生产力，主要来自以下三点：

1. 彻底消化过去卓越的艺术观念与技法，重视推陈出新。
   拉斐尔对达·芬奇与米开朗基罗等前辈推崇备至，也能撷取其精华，融合成自己的风格。

2. 在团队中能够容纳已成名的艺术大家，以确保其委托案件在工作室的年轻艺术家还没成熟前，有高手能执行高难度的项目。
3. 善于激励工作室年轻成员的创作意愿与能力。

其中，第三点特别发人深省。拉斐尔在他的老师、著名画家佩鲁基诺（Pietro Perugino, 1446－1523）身上，吸取了一个宝贵的教训。佩鲁基诺晚年时的作品，被认为构图、人物与过去太雷同，声誉一落千丈。除了自己江郎才尽外，佩鲁基诺创意管理的失败，是真正的致命伤。长期以来，他的助手被当做学徒看待，只能按照设计草图，机械性的执行老板的指令，而无法参与协同创新的过程。相对的，拉斐尔把学徒当成学生训练；他强调，必须让学生充分消化自己的美学思想，而不是做一个听命行事的工匠。受到鼓舞激励的学生，还会自行吸收其他领域的养分，创造出自己的风格。而这些看似零星的创新，也成为拉斐尔工作室进步的动力。因为性格与管理方式的差异，达·芬奇与米开朗基罗虽然天才洋溢，但学生既少又平庸；相对的，拉斐尔的工作室，由于能得到大师充分的指导，年轻优秀的人才极乐意加入，后来也培养出好几个可以独当一面的著名艺术家。

拉斐尔是西方文化中以协同合作方式进行创新的先驱。拉斐尔卓越的创意管理模式，让他工作室的作品又快、又多、又精；也让他由佛罗伦萨时期承接单幅画作的小规模作业，能快速提升到罗马时期承接重量级委托案（如大幅壁画）的产能，更让他所承接的委托案，在他意外英年早逝后，依然能够顺利完成。

如果生在现代，拉斐尔就会像苹果的创办人乔布斯。他们引导产业回归文艺复兴时的理想，强调科技与人文并重、实用性与设计美感兼具。在本章中，我将进一步讨论企业如何向拉斐尔学习“精密”之道，让思想、文化及组织、员工协同合作、充分融合，以产生源源不绝的创造活力。

Swatch 集团的精密之道是文化

参观完百达翡丽博物馆后（详见第 1 章），我原定的下一个目标，是拜访位于瑞士中西部小城比尔（Biel，人口只有约 5 万人）的 Swatch 集团总部，因为钟表是精密工业的重要代表。不料，Swatch 公关部门的负责人却建议说：“刘教授，我们很高兴您对我们集团这么有兴趣。但集团总部只是行政和接洽业务的地方，实在没有什么参观的价值。我们建议您参观集团的三大博物馆：日内瓦的 Swatch 博物馆（低阶产品）、苏黎世的宝玑博物馆（Brequet，高阶产品），以及位于总部比尔旁的 Omega 博物馆（中阶产品）。它们完全免费哦！”我按照他的建议，一一去参观，以下简单的和大家分享。

Swatch 博物馆

搭建在隆河（Rhône River）上，也称为时间之城（Cité du Temps）。它记录的是Swatch集团创办人尼古拉斯·海耶克（Nicolas Hayek，1928–2010）如何以企业家精神，突破日本石英表的挑战，创造出兼具设计感与低价优势的 Swatch 品牌，并建立起瑞士钟表业的新商业模式。此外，博物馆中也陈列 Swatch 由第一款表到最新的作品，以及各时期所搭配的重要合作艺术家、媒体广告等文物。博物馆采“纯自助”经营，没有解说及管理人员，可以轻松、自由地参观。

宝玑博物馆

成立于 1775 年的宝玑表，曾创造最多钟表的重大发明，是当时欧洲皇室、贵族的最爱。但在 1990 年代，宝玑表几乎快被世人遗忘。1999 年，海耶克买下了宝玑表品牌，并且注入 Swatch 集团庞大的资源，要让它重回过去极致奢华品牌的定位。博物馆就位于宝玑表苏黎世门市的楼上，参观采预约制。那天，我的导览员是伊莉萨（Elisa），她曾经在北京待过六年，中文非常流利。博物馆不大，但都是有特殊历史价值的精品及文物。伊莉萨很惋惜地告诉我："只可惜海耶克先生刚过世，来不及替博物馆主持开幕。他晚年最得意的事情，就是透过历史考证，并组织一支技术团队，让1782年为法国皇后玛丽·安东尼特制的宝玑表重新上市，还因此申请了两项专利。海耶克先生说，这是钟表界中的'文艺复兴'！"

Omega博物馆

这是在1984年就已经开幕的资深博物馆，2011年重新整修后又再次盛大开幕，展现Swatch集团企图重新擦亮Omega品牌，在中高价格市场迎战劳力士表（年产销约60万支表）的企图心。看完博物馆后，我才发现Omega的历史还真是辉煌。例如，它是人类登上月球时美国太空总署（NASA）的指定表，也是长期以来奥林匹克运动会指定的计时表，以及电影《007》情报员邦德的招牌表。博物馆一开门我就进去参观，那时还没有其他访客。驻馆的钟表大师安奇（Angel Rami）很轻松地和我聊天。安奇说："我的工作，就是确保馆内Omega成立120年来的每一款表都能正常运转。作为一个整天与钟表为伍的工匠，我觉得腕表早就没有什么大不了的技术创新了。其实，高级表跟跑车一样，重点是要牵动顾客的心灵与感情，而不是有多少创新的技术。”

2013年，Swatch集团拥有17个著名品牌，年收入90亿美元，获利20亿美元，营运绩效蒸蒸日上。参观完这三个博物馆，我恍然大悟：原来Swatch集团真正的竞争优势，并不只是钟表产品本身的“精密”，而是让产品的历史、文化紧紧地与顾客的心灵律动结合的“精密”。文化是Swatch集团的灵魂，在低价、中价及高价产品上都完整布局，不仅充分掌握不同客群的需求，也让集团发挥研发、营销与零组件生产的规模经济，是美妙犹如“大珠小珠落玉盘”的策略。

突然，我想起百达翡丽总裁蒂埃里对海耶克的悼念：“我们对海耶克先生充满尊敬，他是了不起的生意人（businessman），而我们则是简单的钟表工匠（watchmaker）。”

天和汽车的精密之道是安全

这家公司2013年的年报封面很特别：一只睁得大大的眼睛，里面镶着三个电子摄影机镜头，以及一句鲜红色的关键语——认知安全系统（cognitive safety system）。这家公司，就是位于美国密歇根州的天和汽车（TRW）。它要传递的讯息简单明确——安全是汽车最重要的考虑因素；而以电子影像和感应科技来增进安全，是未来的大趋势。

天和汽车2013年营收为174亿美元，获利为9.7亿美元。在总营收中，与行车安全有关的产品就占了89%，包括62%的主动安全产品（例如传动与控制系统）与27%的被动安全产品（例如安全气囊与安全带）。天和汽车的使命很简单明了——成为全球汽车安全的领导者。

由于事关人身安全，想要做天和汽车的生意，就要能通过它对产品质量的严格要求。位于南投南岗工业区的剑麟公司（2013年11月在台湾上市），就是少数能打进天和汽车供应链的厂商，连奔驰汽车与BMW的安全气囊也都必须倚赖剑麟。

剑麟成立于1972年，初期做的是衣架和展示架，技术层次并不高。1993年，剑麟碰到一个提升精进的机会。当时德国的诺贝尔火药公司企图跨入安全气囊产品。火药技术是安全气囊的核心，安全气囊靠着火药爆炸，瞬间让气囊充满气体，达到保护驾驶人与乘客的功用。诺贝尔公司需要一个五金供货商，制造所谓的充气器壳体（传送爆炸空气的空心铁管）；而这种充气器的原理，和剑麟原本的展示架产品十分相似。

只是，这种充气器在材料的强韧性、加工的精密度和产品良率的要求上严格许多。例如，钢材必须是由德国进口的高张力钢管；精密度要求误差极小，要靠红外线与影像辨识系统才能辨识是否达到标准；而良率的标准，则是200万件中也不能有一件不合格。剑麟由1993年起投入两年的研发活动，才达到德国客户的要求。

除了产品的精密度，剑麟也朝全方位服务发展。只要客户提出构想，从制造专属的制作机器（三个月就能重新设计，相对于竞争对手的九个月）到产品完成，都能一手包办。二十年前，全球约有200家公司能做安全气囊，经过严苛的整并与淘汰，目前只剩三家大厂。在打入这个以安全和精密为最主要考虑的供应网后，2006年剑麟的营收不过18亿元，2013年已成长六成、达到30亿元。

不仅是剑麟而已，汽车零组件这个比耐心、比精密的产业，会让许多具有“惟精惟一”特性的台湾企业，在未来有很大的发展空间。但要牢牢记住的是，产品工艺上的“精密”，只是公司拿到订单的入场券；能用最“精密”的心，真诚的以“安全”作为引导各种作业活动的核心价值，才是创造长期绩效的关键。

精密之道的基础是协同合作

对成长型企业来说，最有效的管理方式，是以产品别为基础，建立责任事业群或单位（business group 或 business units）。初期时，这种组织会带来“各自为政，自负盈亏”的责任感与效率。但当组织日益复杂，特别是面临要转型到以提供服务为主的商业模式时，事业群各自独立缺乏一体感与熟识感的现象，就会变为成长的一大障碍，而如何促进协同合作，也就成了经营管理上的一大挑战。

要增进跨事业群或跨部门的协同合作，除了思想观念与策略的沟通外，绩效制度的变革也非常重要。以下，仅讨论几个关键步骤：

1 / 必须先健全较成熟事业的绩效制度

各个较成熟的事业群，如果不能有一个公平合理的绩效制度，很容易在面对较不明确的协同合作时，先产生抗拒排斥的心理。因此，倾听这些事业群的抱怨，适当地调整绩效制度，有助于化解未来的纷争。跨事业群或部门在比较相对绩效时，很容易遇见以下三种问题。

（a）只注重成长率可能会抹杀利润贡献

成长型的公司往往把营收成长率或获利成长率，当成最重要的绩效指标。但这种指标往往也会带来困扰。例如，能够有大规模成长空间的，往往是较新兴的事业；它们成长快但规模小，对企业目前的获利其实贡献不多。但因为成长给予的权重太大，它们在绩效评比上往往名列前茅。相对的，低成长但承担全公司大部分利润的事业群，却变得绩效不彰。要减轻这类问题症状，不妨考虑将部分权重（例如占 20%）加在利润贡献度（各事业部获利占公司总获利的百分比）之上。但在奖励成长的策略下，利润贡献度的权重不宜太高，否则又会变为由成熟事业群主导的状况。根据我的观察，当自身的利润贡献度被纳入考虑时，就算权重不满意，也能有效的降低“不公平”而产生的被剥夺感。

（b）基期太低可能造成绩效评估偏误

部分事业群当期的高成长，往往是由于前期业绩不佳、甚至有亏损所导致，而不是真正的绩效。因此，要特别注意前一期绩效不佳的单位，因为业绩反转所带来的短期绩效。以上一节所讨论的利润贡献率作为调整，也可以部分抵消这种不合理的现象。

（c）处于当红产业的绩优生未必绩优

在跨事业群的绩效评比中，往往会产生“卓越中的贫乏”此一吊诡。原因是处于当红产业的事业群，成长率常常远高于其他单位，因而被评为绩优。但如果真正和该产业的领导公司比较，这个事业群可能反而变成绩效的后段班。对此，我也建议加入利润贡献率作为调整。

2 / 先求改变行为，后求取得绩效

由于协同合作本来就是较困难的工作，因此不必太要求在短时间产生绩效。根据我的观察，协同合作不妨先从推动跨事业群或跨部门的合作计划开始。建议的大略步骤如下：

1. 由各事业群／部门负责人亲自参与协同合作会议。而公司的领导阶层（董事长、总经理）也必须亲自参与会议，将协同合作的重要性与背后策略方向（例如要转型做解决方案）做有力的陈述。

2. 由各部门提案进行协同合作项目。首先，这个项目必

须要结合至少两个以上的部门来规划与执行。其次，要避免部门提出“肤浅”或“假冒”的协同合作项目。其实，各个事业群 / 部门之间，本来就会有一些已经存在的合作关系。例如，有些部门是另一些部门的零组件供应者。这种早已形成的协同合作关系，对公司精进战力并不会增加太多贡献，公司的领导阶层应该提醒各部门舍弃这种类型的计划。

3. 通过期中及期末报告的方式，让部门负责人亲自说明协同合作的项目之进度与细节，彼此观摩对方在议题的选择、资源分配与执行细节处理上的优缺点，也利用这个过程产生同侪竞争的压力。

4. 最后绩效的评估，刚开始先以互相评估（可占 80%）为主，公司领导阶层评估为辅（可占 20%）。初期评估的重点是项目对学习协同合作的贡献，而还不是真正的营收或获利成绩。随着经验的累积，协同合作对公司营收、获利的贡献，会扮演愈来愈重要的角色。

在执行协同合作项目的过程中，公司的领导阶层也会逐渐清楚哪一类型的策略议题或项目，能对公司的成长有较重大的影响。

例如，全球机电产业的领导企业施耐德（Schneider Electric，总部位于法国）发现，在云端服务盛行之际，数据中心（data center）的建置有极大的需求量。由于建置数据中心，正是硬件及服务等各个层面必须同时到位才能做好的协同合作项目，施耐德正好利用建置数据中心，把公司各个不同品牌的产品与技术，有系统地包装起来，让顾客对施耐德系统整合与提供完整服务的能力更具信心，创造了一个成功的协同合作项目。

3 / 建立部门立场冲突的处理机制与奖励协同合作行为

在事业群各自独立的时期，“各自为政”的独立性与弹性是绩效的来源。但要提升协同合作的战力，就必须有效的解决“各自为政”所带来的副作用。请看以下的实际案例。

德贺是日本某家著名公司太阳能部门的总经理，他针对目前全球的太阳能产业进行分析，最后决定把公司的太阳能事业集中在日本本土与德国；而过去在全球其他市场中销售的产品及推动的整合方案，都面临了产品停产或中断进一步承包契约的处境。

Adams 是该公司美国地区的总经理，过去几年来积极推动公司品牌的建立与服务方案的新事业。2010 年，Adams 新洽谈了一个大客户——美国食品服务（US Foodservice，年营收约200亿美元），并为之在加州的一座食品仓库兴建屋顶的太阳能发电设备。工程结束后，美国食品服务大表满意，准备再兴建两处类似的太阳能发电设施。但因为太阳能事业部的策略转移，Adams自认得不到德贺强力的支持，只好婉转地向客户解释此事。客户有些不悦，但也只好接受。

过了一阵子，Adams发现美国食品服务其实需要相当多的食品冷冻设施，而且节能对其成本控制相当有帮助。但当Adams再次与美国食品服务洽谈这个计划时，对方反应却相当冷淡。Adams不确定这是因为上次太阳能厂事件留下的不良印象，或者是因为美国食品服务正在和另一家食品大厂Sysco洽谈合并案（已于2013年12月完成合并，成为美国第一大食品服务公司，年营收达650亿美元），所以无暇进一步商讨这个计划。

当然，没有人知道真正的答案。以德贺的角度，放弃美国食品服务未来可能的生意，是自己业务聚焦的不得已决定，其中可能失去的未来利益也纳入考虑；况且，Adams最近洽谈不顺的冷冻服务本来就不是他的业务。但是对Adams来说，好不容易建立起来的大客户，未来其实还有许多商业机会可以继续探索，而放弃太阳能发电设施的作为，会给顾客承诺能力不足的负面印象，对品牌形象会有伤害。Adams心里有些后悔，觉得下次若再遇到这种情况，应该再向德贺更强力地争取支持，甚至应该将这个案子报告总部，由更高层的经理人思考公司长远利益来做判断。而在各事业部内独立计算损益的绩效评估架构下，德贺的决定虽然无可厚非，但公司领导阶层应该训练他以总经理的角度、以协同合作的利益来看问题。总之，类似这种事业群利益与整体公司利益的可能冲突，有赖于提升企业协同合作的文化，在策略规划与执行中明确的沟通协同合作的重要性，并在绩效评估中奖励有创意、有效果的协同合作。

企业精密之旅的成功关键

基业长青的企业，都是“惟精惟一”之道的实践者。他们有清楚的“一”，不仅精于改进，也精于变化，让这一招变成绝招。但是要练好一招，并不容易。

例如，2009年1月，施耐德的CEO赵国华（Jean-Pascal Tricoire）正式推动“一个施耐德”（One Schneider，以下简称One）项目。项目目标是将施耐德的核心事业，由动力及控制系统产品扩大为能源管理，并且将施耐德的核心能耐，由较单纯的生产制造，提升为能提供客户高度整合性的解决方案。

由于实事求是、按部就班，One 计划看起来实现的可能性颇高。由 2009 到 2011 年，施耐德推行了一个为期三年的 One 项目。2012 年起，则在 One 项目的基础下，再推行另一个为期三年的 Connect 项目，强调各个部门、各个事业、各个市场，要更紧密地连结在一起。这种按部就班、循序渐进，而且要求达到具体成果的做法，才比较有可能达到 One 的目标。但六年就想追求“一”的境界根本不可能，能有小成已属不易。

金融业中实践 One 最到位的，是美国的富国银行（Wells Fargo）。富国银行的愿景不特别突出：“我们希望满足顾客的所有财务需求，并且帮助他们在财务上更成功。”这个愿景要落实在这样的实践上：“通过整合在单一而且可以信赖的金融机构上，各行各业的顾客应该要把所有服务集中在一家金融机构，这样服务会更好，也会更节省时间和金钱。”

富国银行的策略也不怎么亮丽——我们不要做全方位银行，我们只想做零售银行。为什么反对介入投资银行？理由很简单：投资银行是明星制，而富国银行讲究团队精神。投资银行的获利，来自于鼓励客户尽量进行交易；富国银行则强调通过长期关系的建立，让顾客愿意购买多种金融产品。

富国银行衡量自身绩效的指标也很简单：希望顾客平均能向富国银行购买 8 种金融产品。身为富国银行的客户，当你申请了一个一般用的支票户头时，在你连想都还没想到以前，富国银行的出纳员就会先假设你需要一个存款户头，然后还有可能会想要一个有好利息支付的定期存款户头。当你下一次到富国银行时，出纳员会建议你和财务规划人员会谈。你可能会很随意地说“好”，然后忘记要会谈这件事情；但约莫一星期以后，富国银行的财务规划员会打电话给你，然后会建议你，在离你最近的富国银行里，有个与财务规划人员一对一面谈的机会。

如果你并没有立即给予任何口头上的承诺，过没多久，规划员会打电话给你，然后温柔有礼貌的提醒你可以谈谈这件事。最终，你就会采纳富国银行的意见，然后去参与会谈，接纳规划员的意见，最后买更多富国银行的商品！你也许会说：“很多银行都这样呀！没什么大不了的。”但是富国银行在这一件事情上，做了很久，也做得更好。在 1998 年，当柯瓦希维奇（Richard Kovacevich）刚成为富国银行的 CEO 时，富国银行平均每个户头购买的银行商品是 3.2 个。但通过这种交叉销售的方式，十年内，平均每个户头购买的银行商品就变成 5.6 个。而柯瓦西维奇和其团队的目标，是平均每个消费者的户头拥有 8 个富国银行的商品（平均每一位美国消费者拥有 16 个财务商品）。对富国银行来说，这个目标的达成代表很大的意义，柯瓦西维奇曾提到："将商品卖给现有客户的成本，只有卖给新客户的 10% 而已。"对重视成本效益的商业客户来说，交叉营销尤其具有吸引力；目前商业客户平均购买六种产品，中小企业则达到七项，有些甚至高达十项。富国银行让顾客也分享交叉营销的成本效益——买愈多产品，交易成本愈低。富国银行能达成这样的成就，要归功于富国银行透过协同合作、整合富国银行内部的 84 个商业部门，变成所谓的"一个富国"（One Wells Fargo）。

1986 年，柯瓦西维奇受聘到经营不善的西北银行（Norwest Bank）担任营运长。他彻底执行交叉营销策略，数年后就让西北银行转亏为盈，获利大幅成长。1998 年，西北银行与老牌的富国银行合并。合并后的银行虽然名为富国银行，但主导经营决策的，却是以柯瓦西维奇为主的团队。这团队做的事情只有一件——继续贯彻交叉营销的策略。

2008 年 10 月 3 日，当时全美规模第五大的富国银行，宣布以 151 亿美元并购饱受次级房贷亏损所苦的美联银行（Wachovia Bank，当时规模全美第四大）。这个并购案使得富国银行的势力范围由美国中西部拓展到全国，分行由原本的 5,941 家扩充到 10,761 家，成为全美分支机构最多的金融集团。2013 年，富国银行的获利为838亿美元，市场价值达2,390亿美元，双双超越中国工商银行的获利（219亿美元）与市场价值（1580亿美元），成为全球获利与市值最高的银行。

2009年，柯瓦西维奇长期的副手斯坦普（John Stumpf）升任富国新任执行长。斯坦普说："我们成功的重点是有出类拔萃的执行力。一个二流的策略如果完美地执行，铁定比一个无法贯彻的一流策略要强得多。"由柯瓦西维奇到斯坦普，"交叉营销"这件事持续做了27年，但"顾客平均拥有富国8个金融商品"的这一剑仍未磨成，可见协同合作要做到好有多么困难。

台大医院的精密之道靠平衡计分卡

1992年，哈佛大学凯普兰教授（Robert Kaplan）在《哈佛商业评论》发表第一篇有关平衡计分卡（Balanced Scorecard）的论文以来，平衡计分卡迅速在全球扩散，成为企业在策略执行与绩效评估上最广为采用的管理工具（根据2010年美国管理顾问公司Bain & Company的调查）。当凯普兰教授被问到，要成功导入平衡计分卡最重要的一个因素时，他的答案是"领导人"。对此，我深有同感。

虽然台湾有不少组织都实验过平衡计分卡，但真正以“十年磨成一剑”的精神在执行的，是台大医院，而背后的灵魂人物是前院长陈明丰教授，他是台大医院李源德前院长派来念台大EMBA的第一批医师。陈教授在担任行政副院长时，开始感受到医疗环境的重大变迁，台大医院这个百年老店，有必要在管理上大幅加强。陈教授以非常缓慢稳健的脚步推动平衡计分卡，一开始只是核心幕僚的读书会，由他导读相关文献与个案，接着开始在行政部门中推动平衡计分卡。除了全院的演讲与座谈会活动外，最耗时的是带领各科主任与其干部，省思如何承接台大医院的愿景、核心价值与策略，最后画出连结财务、顾客、内部流程与学习创新等四大构面的策略地图。在推动期间，我担任顾问的角色，也曾陪同整个推动团队，到新加坡卫生署和公私立医院参访，请教他们实施平衡计分卡的经验。

在台湾的医院中，平衡计分卡几乎都只能推动到行政部门，因为医疗科组一向以医师的专业为主，对经营管理并不感兴趣。但是台大医院因为林芳郁与陈明丰前后两任院长都持续不懈地推动平衡计分卡，格局自然不同。当我在2013年3月间担任平衡计分卡年度检查会的评审时，看着所有医疗与行政科组的负责人共聚一堂，纯熟地以策略地图为架构，讨论一年来各个面向的成果与问题，内心真是十分感动，因为要走到这一步，可是花了十几年。

对于台大医院推动平衡计分卡的过程，我写下这个口诀：“一面做，一面错；一面错，继续做；愈做愈不错。”此外，我有以下三个感想：

1. 制度是死的，执行制度时，人才的能量非常重要。以单一组织而言，台大医院是台大 EMBA 校友总数最多的地方（约有 50 名），而且绝大多数是医师，因此在平衡计分卡的执行过程中有充沛的人才。

2. 平衡计分卡不仅可作为策略执行的工具，也能作为组织转型的工具。在以平衡计分卡“暖身”之后，陈明丰教授于 2010 年决定参加国际医院评价（Joint Commission International, JCI），以更严格的国际标准重新检视台大医院；并且在 2010 年与 2013 年分别以高分通过 JCI 认证。过去，长庚医院是台湾医院管理的标杆；现在，愈来愈多医院有兴趣向台大医院学管理。

3. 虽然台大医院保持初衷，并非以获利为主要目的，但平衡计分卡的基本逻辑得到验证：个人与部门学习成长的精进，会优化内部管理程序，再进一步提升顾客满意度。而由于医院有如此庞大的固定成本，因此当病人数量及服务量增加时，虽然全民健保对医疗费率严格控管，但台大医院还是处在相当优异的财务状况下。

结论与警惕

拉斐尔成名于佛罗伦萨，但在罗马达到艺术成就的巅峰。1510 年，拉斐尔为梵蒂冈的教皇官邸创作了一幅大型壁画《雅典学院》（*Scuola di Atene*）。

在这件作品中，拉斐尔让古希腊、古罗马和文艺复兴时期五十多位著名的哲学家、艺术家、科学家共聚一堂，传达对人类在和谐中追求智慧的期待，并赞美西方文化跨领域整合的成就。虽然壁画中人物众多，但拉斐尔企图让每个大师都能显现“个人灵魂”，彰显其自身思想或学说的特色。有趣的是，拉斐尔把柏拉图绘成达·芬奇的脸，以表达对达·芬奇的敬重。拉斐尔对和谐与跨界整合的理想，是深邃的“精密”之道，目前仍旧是西方学术与产业之所以能领袖群伦的精神源头。

企业在追求精密之道时，经常以 One 作为目标。但喊口号容易，执行上问题却不小，连国际级企业都可能犯错连连。请看美国微软公司的案例。2013 年 7 月 11 日，微软的 CEO 鲍尔默（Steve Ballmer）写了一封主题为“One Microsoft”的电邮给所有员工，他强调：“我们必须团结在以一家公司为基础的一个策略上，而不是追逐一系列的部门策略。”这样的进一步整合与聚焦有其急迫性，因为微软近年来决定，除了原有的软件包产品外，还要进军各种“硬件载具及整合型的服务”，这种日益增加的产品与服务如果无法想出一个更清楚具体的单一策略，微软将陷入极大的混乱当中。

鲍尔默的作为，正好是示范 One Microsoft 不会成功的好例子。像微软这种规模既大、复杂度又高的公司，要追求“One”本来就是一个非常高难度的挑战。鲍尔默在 2014 年 2 月正式交棒，由原来负责云端服务的资深副总裁纳德拉（Satya Nadella）接任 CEO。鲍尔默的“One Microsoft”看起来凶多吉少，因为一个巨型公司要沟通与执行跨部门的整合，是项艰巨的经营工程；鲍尔默由宣布 One Microsoft 策略到退休卸任，中间只有半年多，根本来不及执行任何重大的 One Microsoft 计划。就算要做，各部门主管恐怕也是心存观望。一位世界级企业的沙场老将，用如此轻率的态度来处理这么复杂的组织与文化再造运动，教人颇感意外。而继任的纳德拉，很快的在 2014 年 7 月宣布将裁员 1.8 万人，是公司有史以来最大的变革。其中，2013 年微软刚购并的芬兰 Nokia 手机部门，就有超过 12,000 人被裁撤，狠狠地打了前任 CEO 鲍尔默

拉斐尔于 1510 年为梵蒂冈教皇官邸创作的壁画《雅典学院》

一巴掌。纳德拉的策略重心是“提升生产力与搭建云端平台”，与鲍默尔的策略思维大不相同；而“One Microsoft”这个字眼，恐怕只能无疾而终。

参考数据

1. 吕国祯，〈比德国工匠还严格 双B汽车安全都靠它〉，《今周刊》第905期，2014年。

2. 司马迁，《史记》。

3. 何昭阳，许立佳、许淑娟文字整理，《369天的试炼》，2013年。

第 7 章

向伽利略学精准

——愈不准确学愈多

离开碧提宫，再度由老桥跨越阿诺河，我们很快来到乌菲齐旁边的伽利略科学博物馆（Museo Galileo）。博物馆是一栋可追溯至 12 世纪、楼高六层的巨大建筑，成立的宗旨是以最深入、最生动的方式展示近代科学发展史。馆内最丰富的收藏，是超过 1,000 件科学史上重要的仪器。其中，我最爱的“镇馆之宝”，是 1609 年由伽利略亲手设计改良的望远镜。这个貌不惊人的仪器，长度为 92.7 厘米，两端镜头直径分别为 3.7 厘米与 1.5 厘米，只有 21 倍的放大功能。望远镜镜身的质材是木头，外面原来包裹着一层红色皮革，现在已经变成斑驳的深咖啡色。虽然看起来简陋，但这台望远镜很可能是科学史上投资报酬率最高的仪器。

伽利略用望远镜观察的第一个事物，是帕多瓦教堂（Padua Church，位于意大利北部），他还愉悦地和朋友分享了遥望教堂

伽利略亲手打造用来发现木星卫星的简陋望远镜，现收藏于伽利略博物馆

尖顶与墙面的兴奋。但当他把镜头对准天空，这下子可不得了，传统以地球为中心的天文学，很快地在他心中土崩瓦解。

1610 年 1 月 7 日，伽利略用他那台阳春的望远镜，看到木星旁边有四个小到几乎看不见的固定天体，成一直线排列。第二天晚上，这些天体位置改变了；第四天晚上，发现其中一颗居然消失了，他推断应该是隐藏到了木星的背后。通过几天的观测，伽利略得出它们环绕木星运行的结论，所有天体都围绕地球运转的传统观念于是开始动摇。伽利略把这四颗星取名为“美第奇星群”（Medici Stars），以表达对美第奇家族四兄弟的敬意，当然也有寻求未来赞助的期待。1610 年 9 月，伽利略系统性的观测金星光影的各种变化，推论出这些现象只有当金星环绕太阳时，因为向光面或背光面朝向地球，才有可能出现。这些观测更让他坚信，哥白尼的“太阳中心说”（heliocentrism）才是正确的。

1616 年，伽利略对“太阳中心说”的观察和论述，遭到罗马教廷“从此闭嘴”的严厉警告。但伽利略并没有退缩，只是改用比较间接的方式继续宣扬他的理念。1633 年，他再次被罗马教廷审判，被指责为“有强烈异端嫌疑”，处罚是终生软禁在位于佛罗伦萨古城南边的家中。对于这些压力与迫害，伽利略发出单薄的抗议：“就科学而言，成千上万人的武断和权威，比不上一个人谦卑的推理。”被软禁的九年，伽利略并没有浪费时间，他把毕生之学有系统的写下来；其中非常重要的是，详细描写实验设计和过程，以便后人可以重复验证他的发现。

1642年，伽利略病死于家中。他的老东家美第奇家族原本要把他安葬于圣十字教堂（佛罗伦萨最杰出的人物多半安葬于此，例如米开朗基罗），但遭到罗马教廷禁止。一直要到1737年，伽利略才总算勉强“住”进圣十字教堂，供后人凭吊纪念。相对的，上一章的主角拉斐尔，死后真是尊荣无比，他的葬礼由教宗里奥十世（Pope Leo X；美第奇家族的老二，37岁就当上教宗，以爱好艺术及奢华无度著称，因滥发赎罪券而引发宗教改革运动）亲自主持，罗马的权贵几乎全部到齐，并且立刻按照拉斐尔遗愿，把他安葬在代表最高荣誉的“万神殿”（Pantheon，建于126年）。

伽利略被爱因斯坦赞誉为实验科学之父。他带给我们最重要的启发，是强调所有的活动要建立在一个可以被衡量的基础上，并且以深入地观察、独立地思考、严谨地实验，进行有纪律的学习。在商业中，会计学就是把经营管理活动变成可衡量对象的实证工具；而经理人拟定的不同策略，在面对外在环境干扰（例如产业景气）下执行，通过观察会计数字加上合理推论，我们可以检视商业模式的良窳成败，这个过程非常类似科学上的实验设计。

也就是说，我们可以建立衡量预测“准不准”的方法论。一般所谓的“预测精准”，关心的是如何在已知环境中，重复得到预期结果；而出现未达预期的结果，代表必须进行管理控制。但伽利略教导我们，让自己学习最多的，其实是“预测不准”的时候。因为，这代表我们必须建立一套新的想法。

在本章中，我提倡“向伽利略学精准”。现代科学很重要的起源，是伽利略看出传统智慧（conventional wisdom）中一连串的“不精准”。而伽利略倚赖的工具，只是一个有 21 倍放大功能的望远镜。相较之下，我们现在拥有的观测工具可是强大多了（因特网的“望远功能”何止 21 倍），但获得洞见（insights）的能力却远远不及。因为我们看得太多，想得太少，更缺乏“非”的习惯、能力与勇气。甲骨文中，“非”就是“飞”，是一个象形字。“非”就是一对翅膀，因为互相背对着，所以代表“不同”或“相反”。“非”的含义极深。试想，两只翅膀如果是同一个方向，怎么可能飞得起来？而两只翅膀如果没有巨大的力量，又如何能对抗地心引力飞起来？“非”，是一种相反而相成的力量；“非”，是一种破坏旧事物、创造新秩序的动能。根据事实，有深度、有系统的“非”，是企业中极为稀少珍贵的质量，因为“非”必须承受极大的压力。在本章中，“非”是研究“精准”的关键词。

一人“非”老板，左右呼万岁

在经营管理中，“非”老板是极度困难的事。对此，《史记·陆贾列传》中有一段君臣“互非”的精彩描写。

陆贾是汉高祖刘邦的一名重要谋臣。汉朝建立初期，他经常在刘邦面前谈论儒家的诗书礼乐等典章制度。有一天，刘邦被他弄烦惹恼了，劈头骂他：“‘乃公’靠着在马背上作战得到天下，读那些文绉绉的诗书干什么！”

各位读者请猜一猜，“乃公”是什么意思呢？没错，“乃公”不太文雅，就是“你老子”的意思！史书上记载，刘邦一发脾气，就经常对部属“乃公”长、“乃公”短的，毫不留情面。

只见陆贾不慌不乱，理直气壮地回答：“在马背上得到天下，可以在马背上治理天下吗？如果秦朝得到天下之后，施政讲求仁义，效法古圣先贤的作为，陛下您哪里还有创业的机会！”读到这里，大家恐怕要为如此“白目”的陆贾捏一把冷汗。太史公（就是司马迁；高中时，辛意云老师教导我不要直呼他老人家的名字，以表敬意）下笔真是精简传神，他说刘邦“不悦但随后出现惭愧的神情”（原文为“不怿而有惭色”），于是对陆贾说：“这样子吧！你为我写些专题报告，告诉我秦朝为什么失去天下、我为什么会得到天下的道理。另外，也顺便讨论一下古往今来国家成败兴亡的案例。”从此，陆贾每隔一阵子，就向刘邦进呈一份心得报告，而刘邦每次读完都拍案叫好。

这个故事最精彩的地方，在于刘邦的情绪转折。被属下反驳，“不怿”是很自然的情绪反应，但一位领导者要多久才跳脱“不怿”，进而反省属下的论点是否有道理，甚至还能自觉羞愧？很难！我自己招认，我“不怿”的下一步，通常是“更不怿”。其实，陆贾“马上得天下，不能马上治天下”的论证，就是英特尔前总裁所强调，企业生存攸关最重要的是面临“策略转折点”（strategic inflection point）的选择。有多少部属有这种胆量，敢不断地重提老板显然不喜欢听的重要议题？又有多少部属能事先想好简单有力的论述，设法来说服老板？老板有度量，属下有胆识，才能造就以上这么一段精彩的治国方向反省。

那么一般部属的反应又是如何呢？太史公这五个字道尽人心——“左右呼万岁”。原来，大家都在揣摩老板的心意，一直不敢作声。等到终于确定老板的意向后，一群人方才蜂拥而出，歌颂老板英明睿智。两千年前的官场生态和现代组织中的阶级关系，一点儿都没变。我经常以这个例子问企业高阶主管：“坦白讲，你要当‘陆贾’还是当‘左右’？”我发现至少有95%的人会选择当“左右”，只有不到5%的人敢当陆贾。因此，比较有效的做法，是请“老板们”体谅人性弱点，自己好好修炼“不怿而有惭色”的涵养。否则，很容易培养出一群只会说“是”，不敢说“非”的部属。

在《史记·刺客列传》中，太史公进一步引导我们看到一个只会说“是”，不敢说“非”的组织。以下是“荆轲刺秦王”的经典场景。

> 在秦国宏伟的咸阳宫中，荆轲恭敬地献上燕国地图。秦王展开地图，图卷展开到尽头后，赫然露出一把匕首，荆轲趁机左手抓住秦王的衣袖，右手握着匕首刺向秦王。秦王大吃一惊，慌忙退后，把衣袖都挣断了。秦王想拔剑还击，但剑又长，剑套又紧，慌忙中怎么也拔不出来，荆轲在宫殿中追赶秦王，秦王绕着宫殿的柱子奔跑。由于事出突然，大家都慌成一团，不知道该如何是好。

故事发展到这里，读者们可能会问：“为什么御前侍卫不赶快来救驾？”他们是秦国最精锐的武士，应该可以轻易地诛杀荆轲，怎么会让老板狼狈至此？原来，秦国的法律规定，上朝时殿上文官不准携带任何武器；而侍卫们只能拿着武器在殿外守卫，没有秦王的命令不得进殿。在仓促之间，秦王忘了下令护驾，因此侍卫们只能在外面干着急。重读这段历史，心中十分震撼。其实，两千多年前咸阳宫中这场刺杀秦王的场景，最大的能量并不是荆轲与秦王的追逐搏斗，而是让这批精锐侍卫不敢动弹的纪律。真是惊人、可怕的 SOP（标准作业程序）和执行力啊；而也真是一个匪夷所思、无法变通的僵固系统啊！

在以下的案例中，秦朝的弱点再次浮现。秦始皇死后，其次子胡亥勾结丞相李斯与宦官赵高，假传圣旨给在前线督军的长子扶苏说："扶苏长期督军无功，又因为没能当上太子，日夜抱怨毁谤君王，不孝，赐剑自尽！"在旁的将军蒙恬劝告扶苏说："您在边关督察几十万大军，承担天下重任，只凭一个使者来传令就自杀，怎么知道不是骗局？"强烈建议扶苏确认命令真假。但扶苏说："父亲赐儿子死，没有什么好复查的！"随即自杀。看到这里，我心中很是惊悚。扶苏无疑是秦朝服从文化的极致，一道假命令居然可以如此轻易杀死皇朝可能的继承人。秦国早期纪律严明、令出必行的组织文化，到后期已经充斥着作假和谎言。

这些历史案例告诉我们，当组织发展到"无人'非'老板，左右呼万岁"的时候，就会丧失反省能力，非常危险。

不能“非”，就等死——小心脑残式的相互模仿

1991 年 3 月，巴菲特应邀到美国圣母大学（Notre Dame University）商学院演讲。他对满场的教授和 MBA 学生秀出一张泛黄的《华尔街日报》剪报，这是一则刊登于 1969 年 6 月 16 日的广告，广告内容是美国汽车公司（American Motor）的现金增资案，由当时华尔街名气与规模都不小的 37 家投资银行承销。巴菲特问听众：“请注意，这则广告有什么特别的地方？”在一阵子天南地北的猜测之后，巴菲特公布了谜底：“这则广告上的每一家公司都消失了！ 37 家投资银行再加上美国汽车，全部都消失了。”所以巴菲特戏称这则广告为“墓碑广告”（tombstone ads）。

讽刺的是，由 1969 年到 1991 年的二十多年间，纽约证券市场的成交量总共增加了 15 倍。想想看，在一个规模快速成长 15 倍的金融市场中，37 家投资银行中居然没有一家幸存，这绝对不是偶然事件。这些银行家智商极高，工作极卖力，对成功极为饥渴；他们都认为自己有机会成为华尔街呼风唤雨的领导人物，也经常担任别家公司的管理顾问。但为什么他们的下场会如此凄惨？

巴菲特认为，如果只能挑选一个最关键的原因，那就是“脑

残式的相互模仿”（mindness imitation of peers）。当一家银行跳下水，其他 36 家银行就立刻跟进。当任何一个“精英”做出一个愚蠢的决定，其他同业经常迫不及待地照抄。每一次金融风暴都是这种类型的模仿结算。

巴菲特提出一个自我修炼的办法——做任何决定时，都在一张纸上清楚地写下做这件事的一个最重要理由。例如：

> 我决定到通用汽车上班，因为……
>
> 我决定买进 100 股可口可乐的股票，因为……

如果你写不出一个看起来合理的答案，就千万不要去做。巴菲特的建议看似简单，但关键是做了没有，后来是否有持续追踪反省。

2013 年，素有“组织学习理论之父”的阿吉里斯（Chris Argyris）教授以 90 岁高龄过世。我最喜欢他一篇取名为《教导聪明人怎么学》（*Teaching Smart People How to Learn*）的论文。他的观点很独特——愈聪明的人愈难教。一般人定义的聪明，常表现在记忆力好、分析能力强、解题迅速等层面；但艾吉里斯教授发现，这种“聪明人”通常都认为自己没有错，犯错的都是别人。

这种思考模型，就像是软件程序中存在着错误的指令，不论该软件重复执行多少次，相同的错误每次都会出现。正因为自我反省、批判是如此困难，中国通讯设备龙头华为执行长任正非的这句话极为精要："自我批判是拯救公司最重要的行为。"而任正非自己就是"非"的顶尖高手。

"非"传统经营管理的最大实验室——中国大陆新兴企业

2013 年 5 月，华为执行长任正非罕见地接受新西兰媒体访问。他回顾创业的历程，说道："这二十几年来我只想一件事——活下去！"有趣的是，一位在台湾网络通讯业界事业有成的老朋友对我说道："我养了 800 个工程师，每年研发经费占营收的 6%；华为养了 8 万工程师，每年研发经费占的营收 13%。面对这个大我 100 倍的研发团队，这十几年来，我想的只有一件事——怎么在华为强大的竞争压力中活下去。"

1988 年，任正非 43 岁，以 2.1 万元人民币在深圳创立华为。2013 年，华为营收与获利分别为 2,400 亿与 210 亿人民币，成长幅度极为惊人。全球网络通讯龙头思科（Cisco）对华为非常忌惮，不断攻击华为有不明的军方技术及资金奥援，使用华为的产品会有国家安全的危险。不管华为第一桶金的来源为何，现在的华为绝对具有世界级的竞争力。创立华为时，任正非惊觉："在时代前面，我愈来愈不懂技术、愈来愈不懂财务、半懂不懂管理，如果不能民主的善待团体，充分发挥各路英雄的作用，我将一事无成。"借由反省过去的人生挫折，任正非感悟到，要团结员工必须和他们分担责任、共享利益，因此设计了员工持股制度。2013年，华为员工持股比例高达99%，持股人数接近8万人，员工奖金总额高达125亿人民币。许多企业创立初期都有员工持股制度，但是像华为到达这么庞大的规模，不仅没有上市，还保持着这种合伙人制度，倒是非常罕见。而员工面对这种与公司命运直接挂钩的强烈诱因，拼命奋斗的冲劲也极为惊人。

在走出2001年的网络泡沫危机后，任正非发现有建立制度的迫切性。2004年，华为高价聘请IBM担任管理顾问，协助设计公司组织结构与管理流程。IBM顾问群发现华为居然还没有中枢机构，简直不可思议，建议华为建立EMT（Executive Management Team）。由于任正非不愿意担任EMT主席，妥协之下采取轮值主席制度，由八位高阶干部轮流执政，每人半年；经过两个循环，在2012年时，演变为目前由三位CEO每人轮值半年的制度。任正非发现这种无心插柳而形成的轮值制度，平衡了华为各方面的矛盾，使公司得以均衡成长。因为每个轮值者，在一段时间里，担负了公司营运的职责，不仅要处理日常事务，而且要放眼外部、放眼世界，思考整体性的策略议题。这样不仅大大地提升他们的视野，也逼他们“不得不削小自己的屁股”，否则就达不到别人对自己决议的拥护。在不知不觉中，轮值者就将他管辖的部门，带入了全局利益的平衡，削平了华为各自为政的山头主义。这种三位 CEO 轮值的制度，也成为“非”传统的管理模式。

另一个以“非”为师的例子，是马云在 1999 年所创立的阿里巴巴。2014 年 9 月 19 日，阿里巴巴在美国以每股 68 美元上市，募集高达 250 亿美元资金，成为有史以来规模最大的初次上市案（Initial public offering, IPO），而其市场价值立刻超越 IBM、英特尔、脸书等著名企业。2014 年 10 月 29 日，当阿里巴巴创办人马云谈到与苹果公司在电子行动支付业务合作的可能性时，阿里巴巴的股价突破 100 美元，市场价值一度超越全球零售龙头沃尔玛的 2,450 亿美元。2013 年，阿里巴巴营收为 67.3 亿美元，获利高达 28 亿美元，并且在全球电子商务成长最快的中国地区，拥有超过 80% 的市场占有率。老实说，在中国这个变化极迅速、竞争白热化的市场，阿里巴巴是否能持续保持这种压倒式的优势，实在非常难以断言。但阿里巴巴最“非”传统商业智慧之处，是居然在全世界商业信任度最差的地区，建立一个最需要信任的交易模式。马云自己都感到讶异：“居然你会从一个你听都没听过的名字、叫‘闻香识女人’这里，付钱给她，买一个你从来没有见过的东西，经过上千上百公里，通过一个你不认识的人到了你手上……每天 2,400 万笔淘宝的交易，意味着在中国有 2,400 万个信任在流转着。”

1999 年创业时，阿里巴巴的“一”是“让天下没有难做的生意”，并且聚焦在“帮助小企业成长”。正因为中国市场缺乏信任，阿里巴巴要生存下去，不能只是“种一棵树”（经营一家公司），而必须要“造一片林”［建构一个生态圈（Eco-system）］。例如，为了解决在网络上收不到钱的恐惧，阿里巴巴创立了“支付宝”（中国第一个第三方数字支付平台，2013 年平均日交易量约人民币 106 亿元）；为了解决跟客户沟通的问题，2004 年阿里巴巴创立了提供实时商业通讯的“阿里旺旺”（目前是中国市场中最被广泛使用者）；为了解决店家不会做营销的问题，2007 年阿里巴巴创立以“让天下没有难做的广告”为使命的“阿里妈妈”（目前也是中国市场网络广告龙头）。2013 年，阿里巴巴创立了“余额宝”（背后是所谓的“蚂蚁金服”事业群，聚焦于小型企业及个人的创新金融业务），针对第三方支付过程中的账户余额提供增值服务（例如购买基金），让传统银行资金大幅流失，也更加明显地展现跨入金融业的潜力与企图心（但金融监理的法令限制为何仍未明朗）。当然，当阿里巴巴累积了全世界单一公司最大量的事务数据后，如何以“大数据”（big data）创造商机，是非常自然的事业延伸。相对的，由于美国市场具有高度信任感而且搭配产业链完整，亚马逊就无需介入如此众多的市场。此外，阿里巴巴的管理制度也颇有特色。例如，在阿里巴巴的绩效考核中，业绩表现与六大价值观（客户第一、团队合作、拥抱变化、诚信、激情、敬业）的贯彻有关。

在本节中，华为或阿里巴巴的管理制度未必适合其他企业仿效。我所要强调的，是一种不被传统管理思维或实务所束缚的独立精神与实验勇气，这才是真正弥足珍贵。而在不知不觉中，中国大陆的新兴企业已成为全球“非”传统经营管理模式的最大实验室。

老干发出新枝——进行“非”传统的策略创新

除了科技上的创新外，管理上的策略创新（strategy innovation）对企业的发展极为重要。而在进行策略创新时，必须以伽利略为师，善用所谓的策略性实验（strategy experiments）。所谓的策略性实验有以下几个特性：

它带有高度营收成长的潜力。

它必须与企业过去的成功方程式有相当大的不同。

它必须运用企业已经存在的资源和能力。

它要求企业发展新的知识与能耐。

它让各部门对如何运作产生相当高的不确定性。

它可能好几年都无法获利，而且早期很难知道绩效到底好不好。

以飞行为例。最单纯的飞行是在预定高度上的操作，它大部分是由计算机控制，系统会产生清楚的指针，驾驶员只要间歇性地确认状况及做小幅度的调整。驾驶员必须聚精会神的情况，通常出现在起飞与降落，虽然这个过程已经是家常便饭，而且相关的指标也很清楚，但起飞与降落的过程中，依然存在许多变数需要动态的调整。但最具挑战性的，是试飞员的工作。他主要的任务是测试飞机的性能与了解飞机的极限，虽然事先也会有一个飞行计划，但这个计划没有清楚的指标，充满了随机应变的弹性与较大的风险。

上述的策略性实验，就像试飞员在执行的任务。过去我们所熟悉的“管理”，大部分是在成熟的营运环境中的执行力问题，管理的重点是避免预定目标与实际结果有太大落差。相对的，策略性实验强调的是通过计划与执行来取得最大的学习效果。在这个过程中，经理人首先必须对这个策略性实验提出一种“说法”（hypothesis），然后在执行过程中以结果去验证这个说法。要建立一个“说法”，可以参考以下六个步骤：

1. 描述这个事业是如何运作的：特别是着重于描述要做出什么关键行动才能达到成功。
2. 建立指标（metrics）：叙述哪些面向是可以衡量的。
3. 建立目标（goals）：指出要做到什么程度才能算是成功，而成功可能是多个层次。
4. 建立使用资源的原则：指出何时要使用资源，也就是要使用多少资源来取得成功。
5. 预测绩效：根据所使用的资源，我们预期的成果是什么？
6. 指出关键的潜在假设：导致事业成功或失败的关键假设为何？我们是否能测试这些假设？

由于此处的重点在于学习，因此在做策略性实验时的重点，往往是放在对结果如何产生的动态趋势的描述与分析，而不是单纯的目标达标率。同时，在整个计划及学习的过程中，要避免太仔细的规划与没有效益的官僚过程。相对的，我们要鼓励深刻的反省与勇于修正假设、修改目标。而所谓“成功”的指针，并不是预算达标率，而是学习达标率。

在进行策略创新的过程中，绩效制度中“严”与“明”的适当搭配相当重要。

绩效制度的严与明

	严	不严
明	成熟事业	需善用非财务诱因
不明	副作用较大	新兴事业

对成熟事业而言，因为目标、过程及成果都相对清楚（也就是“明”），所以可以“严”，并且在绩效奖金给予的部分，尽可能公式化、具体化。但是在策略创新初期，因为从想法到做法都不“明”，所以切莫太“严”。否则，“不明而严”经常会扼杀创意及新的计划。但是，在启动策略创新之后，当“明”的程度增加了，“严”的部分也可以逐渐加强。所谓“严”的加强，指的是定义更清楚的绩效指标，并且让绩效奖金的有无、多寡，随着成果的达成状况，呈现更大的差异性。

在策略创新中，常出现强大的本业反而扼杀新事业的矛盾现象，常见原因有三个。

1 / 应该忘的忘不了

投资大师巴菲特用以下这个谜语，考倒一大堆企业家："什么东西轻得教人毫无感觉，但同时又重得教人无法改变？"答案很发人深省——习惯。一旦习惯养成，不论好坏，的确很难更改，个人或企业都一样。例如，习惯 OEM/ODM 模式的经理人，通常会尽量把存货压到最低；但是一旦转型做品牌生意，太低的存货往往无法因应顾客临时的需求，会造成服务不够迅速。又如，当企业毛利率很高时，对毛利率较低的新事业往往心存鄙视，结果可能错失许多有合理利润的投资机会。因此，老干想要发出新枝，但对于一些成功的经理人，反而会出现愈聪明的人愈难教的奇特现象。

2 / 应该借的借不来

企业中的新兴事业，有一点赢过一般创业家的优势，就是可以应用组织中既有的资源与经验，增加其存活机会。例如，当 OEM/ODM 企业转型兼做品牌时，过去代工时代累积下来的工厂产能与效率，若能善加利用，其实也是确保产品质量与建立顾客信心的重要资源。又如，成熟事业开发新产品由无到有的管理经验，对较年轻的新事业主管，往往很有参考价值。但新兴事业经常借用不到老干丰富的养分，甚至反而可能被老事业一脚踩死。理由是，老事业很多是获利丰厚的利润中心，新兴事业经常会被视为稀释获利的元凶。在几轮严谨的获利检讨会下，如果没有 CEO 等辈分的经理人用力保护，经常会得不到长期奋斗应该分配到的资源。

3 / 应该学的学不快

新兴事业的绩效评估，是一件非常凶险的事。一旦很快采用以营收或利润成长为主的评估方式，新兴事业往往不久之后就会夭折。然而，我们总不能让新兴事业一直“无所事事”！其实，新兴事业初期最重要的工作，就是加速有效学习的力道。虽然经营的实际绩效还不明显，但新兴事业的负责人，要不断地反省他正在进行的“策略实验”。例如，经理人应该很清楚地说明他所面临的关键未知数，以及讨论执行成果对澄清这些未知数的帮助。例如，在选择如何将新品牌打入欧洲市场时，是要挑选具规模的市场呢，还是避开这些有百年老店强力主导的市场，切入一切仍混沌未明的市场？当 CEO 检视新兴事业的营收时，重点并不是预算达标率的高低，而是在“策略实验”中究竟学到什么，未来要如何改变执行的方法。而针对经理人学不快甚至学不会的情况，就必须起用外来的新人。

企业要想精于老干开出新枝，以上忘记、借用与学习的三门功课，正是最大的挑战。

结论与警惕——“惟精惟一”的五个面向

除了是近代实证科学的奠基者，伽利略其实也是“大数据”的先驱。望远镜的观测，给伽利略提供他人没有的大量观测数据；但这些数据的最终价值，是帮助他推翻过去不准确的理论和假设，建立新的学说。同时这些新形成的学说，也可以在严格的实验设计之下，接受更新数据的检验，形成一个探索真理的良性循环。这个传统到现在依然生气蓬勃，被西方科学界奉行不懈。伽利略也提醒我们，“大数据”的背后若没有严密的思考推理与实验设计，是无法转换成“大发现”与“大智慧”的。最后，企业环境变化愈快，基本功愈重要，“非”的能力愈关键。例如，近年来美国不少世界知名大学（例如麻省理工学院、斯坦福大学、卡内基梅隆大学）掀起了一股“数学热”（也包括统计学），许多大学生抢修这些过去被认为枯燥且困难的冷门课程：因为“大数据”需要数学或统计学作为工具，来描写或验证大量资料背后所代表的“简单”事实或未来趋势。

由第 3 章开始，我们展开向文艺复兴五位大师学管理的旅程。不论是乔托的“精深”、达·芬奇的“精微”、米开朗基罗的“精壮”、拉斐尔的“精密”或者是伽利略的“精准”，其实都是“惟精惟一”之道的五个面向。这五位大师代表文艺复兴运动中人性苏醒的过程：

在对“善”（四幅名画都是以圣母玛利亚为中心）的信仰下，由艺术中传达人性对“美”永恒的爱恋，由科学中彰显人性对“真”的不懈追求。

因此，以“深、微、壮、密”发展对任何特定事物（由产品、服务到经营模式）的完整体系，以本章“愈不准学愈多”的精神严格的“非”自己、“非”传统，避免在策略转折点上墨守成规。能做到这五者平衡发展、相辅相成，才是“惟精惟一”之道的精髓。

这五位大师，虽然每个人都在某个特殊层面登峰造极，但各自也都有很严重的缺点。例如，达·芬奇和米开朗基罗都有太强烈的个人色彩，一点也不合群；拉斐尔虽然是建立创意团队的鼻祖，但缺乏米开朗基罗这么强壮的体魄，才会 37 岁就英年早逝。对此，老祖宗特别叮咛要“允执厥中”，意思是千万不要失去平衡。

西方文化在文艺复兴后逐渐成为人类文明的主流，西方企业目前仍然领导全球的商业活动，归根结底还是因为在发展人性、善于用人的智慧上维持领先。中华文化虽然是“惟精惟一”之道的发源地，但在企业经营方面，华人在“惟精惟一”的思想与实践上，却还是明显落后于西方甚至日本。例如，美国的通用电气公司与日本的丰田汽车，都极端强调人才培育与企业社会责任。相对的，华人企业对人才的投资普遍不足，对核心价值与社会责任的重视以及论述，也常流于表面（书中讨论的台积电、台达电、信义房屋等优质企业则已突破此局限）。所幸，诚信对商业活动的关键性，因部分中国龙头企业的提倡与实践，逐渐受到重视。例如，阿里巴巴的创办人马云不断强调，在电子商务中“信用等于财富”。因此淘宝网在设计网络交易平台机制时，买家在每一次交易完成后就可以对卖家进行评分（分好评、中评、差评三种），让信用变成可以累积的点数，愈是评等好的卖家（总共分成 20 级），就愈能站上有利的交易位子。而阿里巴巴对于网络交易质量的重心，也从强调“优质服务”转变为“感动体验”。也就是说，属于人性中最细微、最深刻的感受，在商业中扮演愈来愈重要的角色。

最后，我们要向文艺复兴这五位大师学习的，不是他们在艺术或科学上的成果，而是创造这些成果背后的生命动能与心法。

而要充分发挥“惟精惟一”的力量，必须能把心法变成办法，由办法变成制度；制度既能传承，也能顺应时势进行变革。

三百年练成一剑，一把不再锋利霸气但温润如玉、气息绵长的文化之剑。美第奇家族如何练成一剑，如何把家族的灭绝点变成再生点，是佛罗伦萨最耐人寻味的故事。

参考数据

1. 郑心媚、林俊劭，《阿里巴巴 6.8 兆帝国　靠 6 亿农民打天下》，《商业周刊》第 81 期，2014 年。
2. 司马迁，《史记》。
3. 吴玙注释，《新译尚书读本》，三民书局。
4. Govindarajan, V., & C. Trimble, 2005, *Ten Rules for Strategic Innovators*, Harvard Business School Press.

第 8 章

从灭绝到再生

——王道经营会计学的诞生

2012 年 5 月 30 日，我结束在佛罗伦萨为期三个月的研究。离开佛罗伦萨前，我特别到安葬美第奇家族成员的小教堂（Cappelle Medicee），向安娜·美第奇（Anna Maria Louisa Medici, 1667–1743）道别。我凝视着她的铜像，默默地说："没有你，就没有我这趟旅程。安娜，谢谢你在家族灭绝的单人舞中，跳出再生的青春活力。"

1743 年 2 月 18 日，安娜病逝于佛罗伦萨南边的碧提宫。她的死亡，代表着美第奇家族直系血脉的灭绝；但是她的决定，却让美第奇家族的文化生命诞生。安娜是托斯卡纳大公爵科西莫三世（Cosimo III）的女儿，她的一生见证着家族血脉面临灭绝的焦虑与绝望。她的大哥弗迪南多（Ferdinando）原本是家业的继承，早

（左）美第奇小教堂 By I, Sailko [GFDL]
（右）安娜·美第奇纪念铜像——摄影 / 刘顺仁

逝又无子。她的叔叔弗朗西斯科（Francesco）原本已经当上红衣主教（地位仅次于教宗），被父亲强迫还俗娶妻，却也没有生出小孩。最后，她的小弟吉安·加斯东（Gian Gastone）也没留下子嗣就过世了，美第奇家族的男丁就此断绝。当时，欧洲和美第奇家族有血缘或婚姻关系的王室贵族，无不摩拳擦掌，等着瓜分托斯卡纳大公国的领土、财富和惊人的艺术收藏。

经过好几次激烈、复杂的协商，1737 年 10 月 31 日，安娜和准备继承大公国政权的奥地利洛林家族（House of Lorraine，是当时欧洲神圣罗马帝国的实际掌权者），签订了著名的家族协议（Family Pact）。协议中约定当政权移交时，美第奇家族 300 多年来累积的所有财产（包括宫殿、别墅、珠宝、家具等）与艺术品收藏，全数尽归洛林家族所有。但唯一的条件是，它们必须永远留在佛罗伦萨，以期能够“作为托斯卡纳大公国的门面装饰，造福当地的人民，以及吸引外国旅客的好奇心”。若不是这个协议，佛罗伦萨文艺复兴的艺术宝藏，会因为复杂的继承关系或贩卖牟利，流散在整个欧洲。从此，面积狭小的佛罗伦萨古城，成为全世界文化艺术密度最高的地方，每年都吸引数百万游客来此参访旅游。

对我而言，“惟精惟一”的追求，让我踏上文艺复兴之旅，也帮助我展开对会计学寻根的研究。意外的是，这段“向后连结”的学习，除了让我深受古人智能的启发，也让我和宏碁集团创办人施振荣先生所提倡的王道思想结缘。最后，我们共同催生了所谓的“王道经营会计学”。在这整个过程中，我好像亲自实验了一趟“文艺复兴”中温故而知新的创新方法，体验如何为旧事物注入新生命。

创造西方会计学的美第奇家族

美第奇家族留给后世的宝藏，不只是艺术品，还包括目前仍然蓬勃发展，且几乎已征服全世界的会计学（例如，全球目前已有124个国家采用国际会计准则IFRS）。乔凡尼·美第奇（Giovanni Medici, 1360—1429）是美第奇银行的创立者，也是把家族由商人推向政治领袖的灵魂人物。在他精明的策划下，美第奇家族创造出金融与实业相互支持的商业模式，也衍生出今天我们所应用的会计报表（特别注意，创造现代会计的另一股力量，是威尼斯商人的经营管理实务）。例如，美第奇银行的伦敦分行，会“不计利息”的提供巨额贷款给英格兰国王，以换取独家采购、出口优质羊毛的权利。现代人很难理解，为什么会有这种“不计利息”的奇怪约定。原因是在当时的天主教教义中，放款收取利息是一种罪恶。这些优质的英国羊毛，运送到佛罗伦萨加工后，再以高昂的价格销售到欧洲各大城市，取得丰厚利润并累积资本，以进一步扩充银行的营业规模。这种同时涵盖国际金融与贸易的商业模式，虽然复杂但极为有效，让美第奇家族累积了富可敌国的庞大财富。

美第奇家族的一本账，显现出会计学的本质。因为，即使没有现代资本市场期待股价上涨的压力，扭曲财报的问题，在会计学的根源处就已经存在。上述案例中所谓的无息贷款，其实就是做假账。有趣的是，美第奇家族既爱艺术也爱财富；既虔诚信仰上帝，又忍不住诱惑大做假账。为了赎罪，美第奇家族在佛罗伦萨捐赠了一座雄伟的圣马可（St. Marco）修道院，在修道院狭小的家族祷告室里，美第奇家族历代成员虔诚的忏悔着自己的贪婪与不义。这段历史提醒我们，人性的全面复苏，不全然是善良美好的风景，同时也包含着腐败与堕落。

创造“王道经营会计学”的跨界合作

2013 年，我受邀到施振荣先生创办的“王道薪传班”，讲授有关绩效管理的议题。施先生对王道薪传班十分投入，不仅上课全程参与，听课中也会抛出问题或评论来刺激思辨。当我讲授到如何以财报来管理绩效时，施先生突然提出一个挑战：“刘教授，如果以王道精神来编制王道报表，那会是什么样子？”我一时语塞，只好说：“这个问题我以前没有想过，请让我研究一下再回答您！”半年后，我又到王道薪传班上课。讲到财务报表的部分，施先生又以“温柔的坚持”问道：“刘教授，上次提到如何以王道精神来编制王道报表，不知道你想得怎么样了？”我虽然事先有所准备，但还是觉得回答得很不到位。不久，施先生约我到他家里，进一步讨论王道报表的相关议题。这样子的讨论，以大约一个月一次左右的频率持续进行。每次的讨论，都充满着思想火花碰撞的享受，也深刻体会了长者传承分享的热情。我发现有两股力量逐渐汇流在一起。施先生是创业家与经营者，当他思考创业、经营的初衷与本质时，发现必须回归中华文化中的王道；我从事学术与教育工作，当我进行“惟精惟一”的思辨时，发现必须回归会计学的初衷与本质，而这恰好有极其深厚的中华文化渊源（稍后再加以说明）。这个跨界合作所创造的“产品”，我们把它叫作“王道经营会计学”。

当王道经营对上霸道经营

有一次和台大管理学院的同事谈到王道经营会计学，他马上半开玩笑地说：“或许‘霸道经营会计学’会更管用。”这个反应其实是很多人的误解，以为谈王道就代表不从事竞争、不重视获利；而要竞争、要获利就必须要霸道。在此，先简单讨论一下王道与霸道的历史渊源。王道起源于儒家政治思想中的理想，其含义就是“仁道”，也就是现代所谓的“人道”（humanity）。西汉宣帝（公元前73年——公元前49年在位）曾训斥太子（后来接班的汉元帝）说：“汉家自有制度，本以霸、王道杂之，奈何纯任德教，用周政乎？”汉宣帝一语道破汉朝“独尊儒术”的真相，原来汉代典章制度仍然深受法家思想（秦朝）的影响，霸道的成分远大于王道，并不认同纯粹讲求以“德教”治国的周朝。

中国在春秋时代的“王”与“霸”，并不是像“善”与“恶”那样完全相反的概念。其实，“霸”就是“伯”，原意是家族亲戚中年长或辈分高的人。周朝是封建社会，周王室东迁后衰弱不振，没有能力行使“天子”治理天下的职务，所以由本家或亲戚中的长者（也就是所谓的“伯”）出面，以维持政治、道德上的秩序。这些本家和亲戚都是诸侯，是由周王分封的，因此具有合法的身份。他们必须开会来决定大原则，即所谓“盟会”，会后所有参加的诸侯都立誓遵守。但开会时不能不推出一位最有势力、也最受尊敬的人来做盟主；这位盟主便叫作“伯”，也就是“霸”。因此，如果追本溯源，“霸”字并无贬义（例如，项羽就自称为西楚霸王）。孟子把“王”和“霸”发展为两极化的概念，强调

“王”是以德服人，“霸”则是以力服人；到了宋代理学家，两极化更为鲜明，“王”与“霸”的分别，就像“理”与“欲”、“公”与“私”，或“善”与“恶”这般黑白分明了。宋代以后，凡是用到“霸”字，就代表强横、不讲理的意味。

其实，在现代的商业竞争中，任何企业都不可能不使用“力”，也不可能不应用“势”。法家欠缺的是对人性的尊重，只着重君主的利益，缺乏对“共存共荣”的追求。但法家在执行面上的讲究（特别是目标设定与链接奖惩），与现代绩效管理有许多相同之处，有其实用价值。因此，企业经营的“王道”，本身就包括儒家所重视的“德”，以及善用法家与兵法中所强调的“力”与“势”，其实是“创造多赢”的一套相容并蓄思想。

以经营的观点来看，东汉许慎的《说文解字》，对于“王”这个字有一个非常发人深省的定义：王就是“天下所归往”。对行王道的企业而言，顾客愿意归往，是因为能为他们创造独特价值；员工愿意归往，是因为能为他们提供丰厚的待遇及职涯发展机会；投资人愿意归往，是因为能为他们创造合理的报酬率，而且有优质的公司治理作为保障；第三方愿意归往，是因为能为他们营造宽广的成长空间与合理的交易条件。总之，能让利益关系人愿意归往，企业一定要有杰出的“创造价值”与“平衡利益”

的能耐。企业要永续经营，能够持续吸引、培育及留任具备“创造价值”与“平衡利益”能耐的领导人，实为第一要务。

“王道经营会计学”是领袖之学

从佛罗伦萨回来后，我问自己一个简单无比的问题：“为什么英文的 Accounting，中文要翻译成会计？‘会计’这个名词，到底是从哪里来的？”就这样，我找到了会计学与中华文化的关键连结。

根据司马迁《史记》中对夏朝历史的记载，大禹晚年在浙江省绍兴县大会诸侯，进行所谓的“会计”工作，后来因过分劳累而逝世。大禹崩逝时所待的这座山，因而被称为“会计山”，或称“会稽山”。在当时，大禹做的“会计”，并不是编制财务报表，而是对诸侯进行绩效评估。大禹的评估有两大重点——“爵有德、封有功”。所谓的“爵有德”，指的是对于实践核心价值成效杰出的臣子，要让他们享有崇高的地位；在古代，“爵”是尊贵的酒器，用来赏赐给大臣。封有功指的是，努力且能创造显著功劳的臣子，让他们能享有土地与财富；“封”指的是用树木围起来的封地。《说文解字》对“功”的定义简洁有力——“劳而定国。”也就是说，要达成该绩效目标需要很大的努力，而达成后会为组织带来重大贡献，现代绩效管理称为“关键绩效指标”（Key Performance Indicator，KPI）。

以大禹自己的绩效来看，治水“有功”只能受封土地当诸侯，要当天子必须“有德”才行。以现代企业而言，一个业绩卓越的销售经理，应该要享有高额的奖金，这是“封有功”；但是他如果缺乏领导能力（这是“德”的一部分），就不适合当总经理。

在中华文化中，“德”与“功”的关系可以汇总如下：

有德必然有功，功是德的验证；
有功皆因有德，德是功的源头。

“爵有德”与“封有功”的观念，可以开展设计成如下的人才九宫格，与通用电气公司绩效评估所使用的架构非常类似。

通用电气人才九宫格

封有功		未达期望	持续的达到预期	超出预期
	超出预期	有待发展	出类拔萃	企业典范
	持续的达到预期	有待发展	颇具贡献	出类拔萃
	未达期望	淘汰	有待发展	有待发展

爵有德（横轴：未达期望 / 持续的达到预期 / 超出预期）

其中，“爵有德”指的是现代管理学所谓的“核心价值”（例如诚信、协同合作等）；“封有功”指的是应达成的业绩目标（例如营收、获利、现金流等）。“德”与“功”都超出预期，被视为企业典范，是企业最珍贵的人才。相对的，“德”与“功”都低于预期，是最有可能被企业淘汰的一群人。此外，如果“功”很卓越，但“德”不如预期，该主管仍然属于有待发展，不被认为绩效卓著。一个人是否有“功”，比较容易量化；至于一个人是否有德，就比较难衡量。什么是“德”呢？我再一次“回溯初衷”，以甲骨文的字形来帮忙思考。甲骨文“德”这个字，是由“行”（代表四通八达的大道），再加上“直”（代表不曲折、不犹豫）所组成的：

（德）= （行）+ （直）

因此，“德”的本义是“看清楚道路方向，去除困惑迷惘，坦然直行”。后代再加上一个“心”，便形成目前大家所熟悉的“德”字。

看到“德”的最原始设计后，我发现“德智体群，四育并重”的传统观念其实大有问题。虽然德育列为四育之首，但总给人抽象空泛的感觉；而甲骨文明白指出——“德”应该是智、体、群三者总成绩的表现。因为有德之人，必须是能看出方向的领导人物，智育不好怎么行？《孙子兵法》全文5, 000多字，“智”这个字就出现了76次，频率最高，可见它有多重要。简单说，没有“智”，就不可能有“德”。

至于体育对“德”的重要性，《尚书·舜典》中有一个非常发人省思的例子。尧在正式让位给舜之前，对舜的最后一个考验是“把舜丢到山里，经历大风雷雨、气候剧烈的变化，舜没有迷失还能找到路回来”（原文为“纳于大麓，烈风雷雨弗迷”）。我们不太确定，要是舜无法脱困，尧会不会派出山难搜救部队去救人。但是，这个案例很明白地指出，领导人必须要有胆量、有体力，过不了这一关，要怎么带领众人找路？而群育与德的关系更为明显，如果“德”只是个人的修养，不能带领群体产生卓越绩效，就没有任何实质意义。

对于领袖人才“德”的要求，古今中外没有什么不同，春秋五霸之一的秦穆公可为佐证。公元前628年，晋文公去世，秦穆公为了逐鹿中原，出兵攻打晋国的保护国郑国。秦穆公的老臣蹇叔劝阻无效，结果秦军在崤山被晋军伏击，三万部队全军覆没。秦穆公在部队前公开自我检讨，发表“秦誓”演说，其中提出他对大臣“德”的期许：

我暗暗地思考，如果有位大臣，诚实忠厚而无其他本领，但他的胸襟开阔，能容纳他人：别人有本领就像自己有本领；别人才德兼备，他打从心里钦佩，而不只是在嘴上夸奖而已。那么这种雍容大度的人，肯定能保护我的子孙和百姓，我必将重用。而看到他人有本事，就嫉妒而厌恶他；看到他人才德兼备，就从中阻挠使君王不识此人；这样的人不能保护我的子孙百姓。这非常危险，我一定让这种人无立足之地！

在本书第 1 章，通用电气前总裁威尔逊曾认为成功的领导人要具备“慷慨基因”。有趣的是，“慷慨基因”的内容与“秦誓”几乎完全相同，其实也是孔子“己欲立而立人，己欲达而达人”（《论语·雍也篇》）精神的实践。我相信威尔逊若生在春秋时代，一定是秦穆公朝夕盼望的辅佐大臣。

迎接心灵的返乡鲑鱼

上述的“王道经营会计学”，根植于中华文化的价值观与核心理念，融合了西方会计学的分析架构，可说是会计学的“文艺复兴”。由 2014 年秋季班起，我以台大 EMBA“文化与绩效”课程为平台，正式讲授“王道经营会计学”。同时，我也开始在台大管理学院讲授“会计与《孙子兵法》”（大学部）及“财报与《孙子兵法》”（预定2015年在台大——上海复旦EMBA学程登场）等课程。《孙子兵法》系列课程的重点，是讨论如何利用财务揭露（财报、重大讯息发布、法人说明会资料等）达到知己知彼的目标，进而帮助企业在竞争中决胜，并创造多赢的局面。我第一次接触《孙子兵法》，是三十多年前在毓老师私塾“天德黉舍”。由于当时完全没有企业经营的知识与经验，对《孙子兵法》应用的了解极为肤浅。现在开始教《孙子兵法》，这二十年来所累积的所有对企业竞争经营的理解，迅速根据“孙子十三篇”的架构重新归位，形成一个更为完整的知识系统。

这几年来，我上课时开始以司马迁《史记》中的故事作为个案讨论的教材。虽然都是两千多年前的事迹，且以文言文写作，但《史记》中人物个性鲜明又极具戏剧性，学生们很容易突破时空与文体的限制，看到故事背后不变的人性，以及基业长青的不变哲理。我开玩笑地说，我的教材是HBR，但不是一般人所谓的“Harvard Business Review”（哈佛商业评论），而是司马迁写的Han Business Review（汉朝事业评论）。我第一次接触《史记》，要回溯到高一时，辛意云老师在建国中学国学社中的启发；只是当时对于人性在权力结构下的扭曲，完全没有理解。但现在开始教《史记》，对历史人物在创业初期与功成名就时的心态、用人模式、制度设计等的改变，以及这些改变如何影响绩效，有着更深刻的体会。

简单地说，当我聚焦于思考自己人生或专业的“一”时，尘封数十年的所学所思，仿佛是心灵的返乡鲑鱼，携带着过去在大海中吸收的多元养分，奋力逆游而上，要回到溪流的上游去创造新的生命。而我也更加了解，为什么乔布斯会说出这番话了：“这种向后连结之道，从未让我失望。它让我的人生截然不同。”

由钢都到钢铁人之都

2013 年 9 月 4 日，美国众议院交通与基础建设委员会主席夏斯特（William Shuster）到卡内基梅隆大学（Carnegie-Mellon University，简称 CMU）视察。为了迎接这位重量级国会领袖的来访，CMU 特别派出一台凯迪拉克（Cadillac）SRX 轿车到匹兹堡（Pittsburgh）机场迎接。令人兴奋的是，这台凯迪拉克是完全由计算机控制的无人驾驶汽车。在 CMU 校园往返机场的 110 多公里路程中，这台无人驾驶汽车或加减速度，或变换车道，或根据交通灯号停下及启动，或闪避行人及其他车辆，等等。所有人类驾驶会做的事，它都精确完美地一一执行。而它所配备的雷达、摄影机、计算机等装备，并非特别先进，成本也相当合理。因为真正的关键不在硬件，而是计算机控制软件。2014 年 6 月 24 日，这台车又出现在美国首都华盛顿特区。这一次，在夏斯特的热情鼓吹下，先后有四十多位国会议员搭乘它逛市区、游乡间，体验这项领先全球的自动驾驶科技。国会议员的确有资格分享这份荣耀，因为联邦政府持续三十年研究经费的支持，厥功甚伟。

这则消息，让我不禁回想起 1985 年秋天到 CMU 攻读博士的第一印象。搭上叶匡时学长来接机的 Nissan 旧车，由机场到学校之间，沿路散布着一座座废弃的钢铁工厂，建筑物大都被炼钢排放的煤烟熏得黝黑肮脏；匹兹堡被日本与韩国击溃的钢铁业，流失了 90% 的就业人口，大家对未来产业发展极度悲观。昔日的“世界钢都”，好像一步步走向灭绝。

在绝望中，匹兹堡再生的苞芽，其实已经开始酝酿。1979 年 3 月 28 日，位于美国宾州中部三里岛（Three Mile Island）上的核能发电厂，发生美国核电史上最严重的核安事件。1983 年，三里岛事件的调查因为电厂炉心整个融化，无法取得详细数据，进度缓慢无比。CMU 的机器人研究中心抓住机会，申请了 150 万美元的研究经费，建造了第一部遥控机器车。这部车开入三里岛的机房中，拍摄了详细的照片，挖掘了部分受辐射污染的水泥样本，圆满达成任务。机器车的设计者惠塔克博士（Red Whittaker）大受鼓舞，因为他看见了机器人实际应用的未来。

1985 年秋天，CMU 校园内有一则小新闻引起我的好奇。一部载满计算机、雷达与摄影机的小型轿车，在学校旁的雪莉公园（Schenley Park）以时速二十公里的“蜗速”，测试无人驾驶的计算机科技。谁知道三十多年后，通过一群又一群顶尖科学家与工程师的持续努力，这项当时被视为毫无实用价值的科技，变成上述的凯迪拉克 SRX。

CMU 这种以信息科学（computer science）为核心，在机器人、无人驾驶等领域，用上三十年磨成一剑的扎根工夫，不是一般企业甚至国家在短期内有办法追赶上的。1999 年，《华尔街日报》发明了新字来形容匹兹堡——“Robburgh”（机器人之都）。或许这个字出现得太早了一点，但方向却一点也没错。CMU 带动匹兹堡地区，以人工智能、计算机软件控制、云端技术产生了许多新创公司，俨然成为下一波产业显学的代表重镇。

匹兹堡由灭绝到再生，其实就是文艺复兴精神的实践。1900 年，钢铁大王卡内基（Andrew Carnegie）捐赠成立了卡内基技术学院（Carnegie Institute of Technology）。在捐赠典礼上，他说出他一生的座右铭——“我的心聚焦在工作上”（My heart is in the work）。的确，当他还在商场上时，他是钢铁业最令人畏惧的领导者。65 岁时，卡内基将钢铁厂以 4 亿 84 万美元的天价，卖给对手金融大亨摩根（J.P. Morgan）。在之后的十八年内，他以经营事业般的热情，全心全意投入教育与慈善事业（例如在全球捐赠了 1,689 座图书馆）。虽然卡内基赖以创造财富的钢铁业在美国早就过时了，但他留下的学习机构 CMU，才是他真正的“一”。这个“一”，是一种可以随时代、产业的变迁，而自我调适的核心能力。一百年前，钢铁原物料本身就是最新科技及产业主流；但一百年后，钢铁要进化成为整合计算机科技、人工智能、机械自动控制、材料科学等不同领域的“钢铁人”，才能脱离灭绝，以再生的活力重领风骚。

本书汇整与结论

文艺复兴运动是一种回归人性，追求艺术之美、科学之真、伦理之善的生命觉醒。而文艺复兴的精神，是一种不分古今中外、不分营利与非营利事业，帮助每个人自我实现，以及为他人创造价值的生命活水。人性就是中华文化的“一”，根据人性来做选择就是“精”。如何把“惟精惟一”之道应用在企业的经营管理，是写作这本书的初衷。

本书可汇整为以下三个重点：

1 / 基业长青要靠环环相扣的“文化——策略——绩效”架构

以下的“文化——策略——绩效”三连环，是本书的最基本思考架构。

绩效三连环

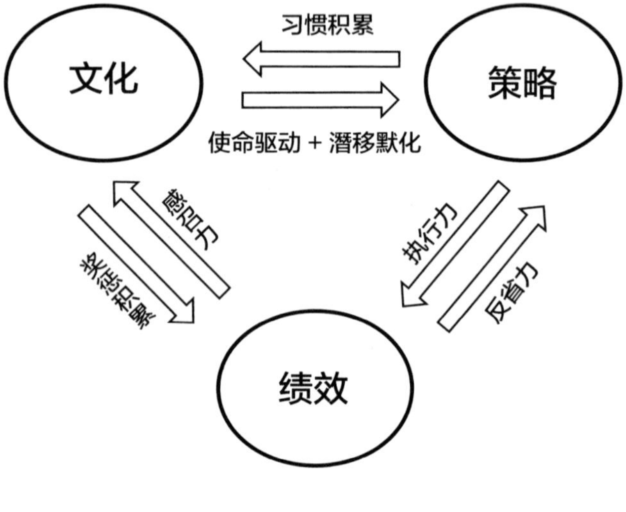

在经营管理中，讨论最多的，是如何在既定策略下，以执行力获得绩效。或者是，如果绩效不如预期，如何通过反省力，适度的修正策略。但本书中特别强调：

1. 文化可以直接或间接的影响策略。文化可以通过使命感的驱动直接影响策略。例如，第 4 章讨论的美国全食物市场就是如此。文化也可以通过潜移默化的方式间接影响绩效，第 2 章讨论的诚品书店就是如此。此外，苹果的乔布斯曾多次开微软创办人比尔・盖茨（Bill Gates）的玩笑，他说："微软最大的问题就是没有品味（taste）。"因为品味的差异，的确让苹果创造与一般公司大不相同的产品与商业模式，这足以见证文化的强大力量。

2. 文化可以不通过策略，直接影响绩效。例如，许多企业在竞争中彼此策略相同，但绩效却有极大差异，往往是因为文化所造成的间接力量。例如，美国零售龙头沃尔玛与主要竞争对手西尔斯控股（Sears Holding）的竞争策略，都是采取低价促销（everyday low price），根本没有差别；但经营绩效却有天壤之别（2013 年沃尔玛获利约 169.9 亿美元，西尔斯控股却是亏损 13.6 亿美元）。两家公司的执行力落差这么大，企业文化绝对是重要原因。例如，根据我访谈不少零售业的资深经理人，沃尔玛采购人员的廉洁程度比西尔斯要好上许多。红包、回扣等采购人员的陋习，一定会表现在经营成本上。此外，凡是和沃尔玛有长期接触的人，都会为它各阶级经理人对成本的敏感与挑剔印象深刻。也因为有这种事无大小都追求合理节约的核心价值，沃尔玛才能长期控制其经营成本。再举一例，要学习王品集团的多品牌策略并不难，但是要复制王品集团的企业文化，则是万分困难（光是高层 25 名中常委集体决策，以及薪酬成本的公开透明，就是绝大多数公司做不到的）。

3. 策略执行与绩效制度的实施也会影响文化。例如，实行“成本领导”策略的公司，员工随时处在被检讨成本合理性的压力下，会逐渐养成省钱的习惯，最后形成省钱的文化。而形成省钱的文化，背后很重要的一股力量，则是绩效制度中的薪酬与奖惩。当企业改变策略，想发展独特性与创造差异化时，根深蒂固的省钱文化经常是一个不容易克服的障碍。

2 / 用“1325 法”培养器大识深的领导人才

第 3 章提出的“1325 法”，不只是一个解析财务数字的分析方法，也是培养器大识深之领导人才的有效架构。我将“1325 法”重新诠释如下图。

其中的“3”，我以韩信（营运活动）、张良（投资活动）和萧何（融资活动）来代表；目的是强调，“人”才是经营管理的

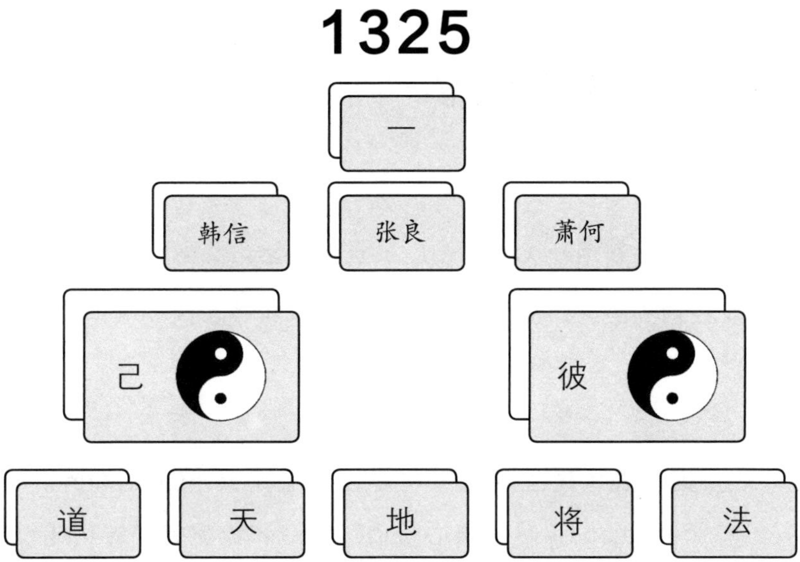

重点，而且经营这三大构面的代表人物，一定要密切协同合作，才可能创造卓越绩效。而在此的“1”，则是像刘邦这种可整合上述三种不同人才的通才。

至于“2”，是所谓的人我之间。如果是对内，则是代表“己立立人，己达达人”的胸怀，也就是威尔逊所谓的“慷慨基因”。如果是对外，则是代表《孙子兵法》中“知己知彼”的功夫。至于“5”，我认为《孙子兵法·计篇》中所谓的“道（mission）、天（trend）、地（position）、将（team）、法（system）”，是最有实用价值与深度的五大自我演练（详见第3章结论），同时也是深入了解对手的五大分析构面。

3 / 创造卓越绩效要靠“一招三式”，但千万别失去平衡

本书强调利用艺术及文化，来激发更深层的经营管理思维。但企业经营的最终目的，还是要创造卓越绩效。创造卓越绩效有“一招三式”，兹简述如下：

第一式：建立观念架构与操作型定义（Operational definitions）。把核心价值、使命和策略等，转化成

具体的目标，把目标转换成应该采取的行动。

第二式：建立指针与报表。建立完整且容易理解的指标，来追踪行动及衡量与目标的差距，并理解企业与其他利益攸关者的相对位置、关系。

第三式：建立奖酬制度。建立财务及非财务的奖酬系统来满足员工需要、强化指标力量，并串连组织的目标与个人的行动。

如何把抽象的目标转化成具体的行动，柯尔教授（Steven Kerr，曾任南加大商学院院长）的作为，很值得参考。1981年，他接受通用电气执行长威尔逊的邀请，担任学习长（Chief Learning Officer）一职，主要负责通用电气著名的教育训练中心 Crotonville（每年预算超过 10 亿美元）的运作。在他上任后与威尔逊第一次的讨论时，威尔逊最后总结说："这就是我希望你替我做到的事，我要让 Crotonville 变成通用电气共享的咖啡壶（common coffee pot）。"

柯尔并没有进一步追问什么叫"共享的咖啡壶"。他事后回忆这整件事时说："他是老板，他有权利提出这么一个抽象的目标，而我有责任把这个目标转换成具体的行动！”他立刻召集幕僚，讨论如何进行这个任务。他们很快就达到第一个共识——Crotonville的课程，不应该为通用电气的单一事业群而开，而应该要让不同事业单位的主管能共聚一堂。因为通用电气的极大“痛点”，是组织庞大、业务多元，公司不同事业单位缺乏“一体感”（Common sense）。但别以为柯尔这么独断独行，他回去见威尔逊，说道：“在我采取行动把Crotonville变成通用电气的共享咖啡壶之前，我希望您能听一下我们团队对于执行什么是‘common coffee pot’所采取的行动！”

然而，绩效制度虽然威力强大，但也很容易产生行为的偏误，影响企业创造价值的能力与方向。简单而言，不容易被衡量的行为，被执行的力道就会不足。如右图，最佳组合应该在A点，但经理人实际上的执行点是A'，有严重的低估不易衡量的指标。

通常，容易衡量的指标是指“现在”、“直接”与“有形”的指标；而不易衡量的指标为“未来”、“间接”与“无形”的事物。2014年，台湾所爆发的一连串黑心食用油事件，就是只看见成本、利润而无视质量、健康的案例。

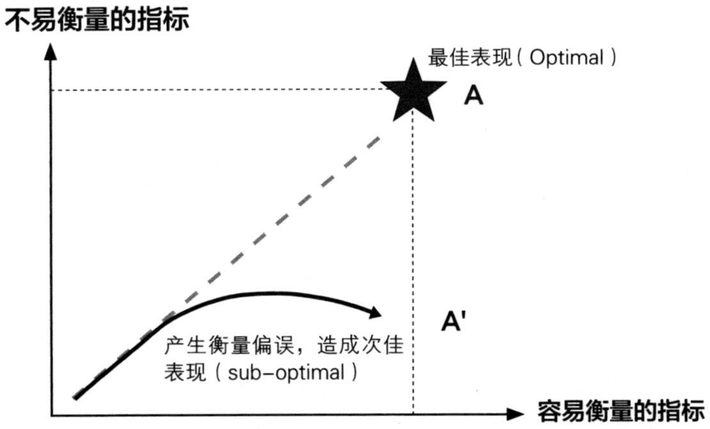
不易衡量的指标
最佳表现（Optimal）
A
A'
产生衡量偏误，造成次佳
表现（sub-optimal）
容易衡量的指标

允执厥中——偏误的绩效制度导致半盲文化

最后，本书做这样的总结——**“一”是天理，“精一”是人道。**

小时候，第一次知道有光速这回事，非常震撼。原来，我看到的月亮，是1.3秒前月亮发出的光，而不是现在的月亮；我看到的太阳，是八分钟前的太阳；我看见的北极星，是四百多年前的北极星；我看见的仙女座大星云，是三百多万年前的仙女座大星云。而现在，更叫我震撼的，是我居然有机会看见哈勃卫星望远镜所拍摄的“哈勃深景”（Hubble Deep Field）。那是100亿年前古老宇宙的景象，是目前人类对时间边界最原始的观测。这种过去与现在同时交会的感动，令我低回许久。而我们的祖先，也曾经遥望着灿烂的星空，问道：“宇宙的‘一’是什么？”对此，目前科学家已有共识，宇宙是大约138亿年前的大爆炸所创造的。2014年3月17日，以美国斯坦福大学为主的天文物理团队，经过八年在南极的观测与反复验证，宣布他们捕捉到来自宇宙爆涨（Cosmic Inflation）的震波。他们发现宇宙演化的方式，既奇妙又简单。宇宙一开始诞生的0.001秒时，有些地方密度高一点，有些地方密度低一点。密度高一点的地方重力比较强，会抢更多的物质进来。因为重力的“天理”，是只有吸引力而没有排斥力。在重力的吸引下，原本松散的星体结构会愈来愈增长，进一步形成星系。芝加哥大学的计算机模型，根据重力定理演化，所模拟出来的宇宙与目前实际的观察，精确到几乎无法区别。

“天理”与企业成败兴衰的人道有同有异。在物理学中，一开始密度高的区域，未来注定会有持续性的优势。相对的，企业的主体是人，人若松懈倦怠，就算是雄霸一方的产业领袖，也可能很快就一败涂地。但人若能效法天理，做到“天行健，君子以自强不息”的地步，那这种企业就会蒸蒸日上、基业长青。什么是让绩效长青的最根本力量？那就是创造对人才只有吸引力没有排斥力的文化、策略与制度，那就是让人性中具有感受与创造的美好本质得到充分发挥。这，就是本书的初衷！

参考数据

1. 洪懿妍，《时间和人生的主导权绝对在自己手上》，《Cheers》第167期，2014年。
2. Peterson, M., 2014, “From Steel City to Roboburgh–The reinvention of Pittsburgh.” *POLITICO Magazine*, February.
3. 华特·艾萨克森（Isaacson, W.），《贾伯斯传》（*Steve Jobs*），廖月娟、姜雪影、谢凯蒂译，天下文化，2013年。
4. Parks, T., 2006, Medici Money: Banking, *Metaphysics and Art in Fifteenth–century Florence*, W.W. Norton & Company.

后记

英雄出少年

在本书接近完稿时，有一天，我收到一封电子邮件。

刘顺仁老师您好：

我是您管理三部曲的忠实书迷，我叫陈硕鸿，是“亚美高科技商会”台北摇篮计划第三期的创业家，研究所毕业后，跟太太创办了“瑞德感知”，是一间做火场逃生系统的新创公司。因为我们都是技术背景出身，之前对财务会计相关领域不是很熟悉，但在敝公司会计师的推荐下，拜读了您的作品，之后便对财会等领域产生很浓厚的兴趣，并对您书中的观点十分敬佩！

因为您的著作令我十分着迷，我便开始着手研究您书中提到的几本书，如包熙迪的《执行力》，纳西姆的《黑天鹅效应》及《反脆弱》等等。我也开始一步步的把您书中的观念落实到自己公司的治理。

除了拜读您的作品之外，我还是非常想跟您进一步请教更多的议题，是否可以跟您约个时间碰面?

希望能有机会跟您请教!
谢谢。

硕鸿

我查了一下硕鸿的资料，眼睛为之一亮，不禁冲口说道："真是英雄出少年啊！"2011年，硕鸿和清大资工所四位同学组成的团队，以"智能型防火逃生系统"参加微软潜能创意杯竞赛，打败全球七十几个国家代表队，勇夺"嵌入式系统组"全球总冠军。硕鸿团队所设计的"Right！ This Way"，是一个智能型防火逃生系统，试图改善目前防灾系统的盲点。他们以嵌入式平台的联网能力，导入实时火灾现场信息，将火场动态透明化，以烟雾、浓度、浮粒，实时计算出逃生路线，通过系统监控火场动态，协助救难员了解火场状况，并启动灭火机制，加快受困者疏散的速度。微软评审团对于他们的创意及设计惊艳不已，肯定“智能型防火逃生系统”具原创性与实用性。这套系统也成为他们2012年创立“瑞德感知”的基础。

除了请教一些发展事业的议题外，硕鸿向我提出一个很有深度的财务研究计划，希望能请我指导。我很郑重地告诉硕鸿：“你想请我指导的计划，虽然非常有趣，但这不是你该做的事。你应该一心一意想和你事业有关的事，千万、千万不要失焦。你知道你事业的本质是什么吗？”硕鸿看起来有一点困惑。我告诉他：“你事业的本质是‘信任’，你要求你的顾客在火场中把生命交给你。试想，你要有多大的精进，才能做到真正值得信任？”

接着，我拿出2011年出版的著作《劲争》，在扉页提了八个字送给硕鸿：

惟精惟一，允执厥中

我告诉他，这是中华文化中针对传承最美好的提醒：“在每个选择中守护初衷，让初衷提升每个选择的力量；然后，切记在这个过程中随时保持平衡。”

送走硕鸿后，我满心欢喜，想象台湾一定还有不少像硕鸿这种有志向、有专业、肯学习的年轻人。虽然他们的创业不一定会成功，但只要初衷不变，就算失败也会累积未来成功的力量。

突然，我想起唐太宗写的一首叫作《经破薛举战地》的诗。贞观四年，唐太宗 31 岁，当他巡视陕西时，追忆起 18 岁时击败当地军阀薛举的一场惨烈战役。提起笔，唐太宗写道：

> 昔年怀壮气，提戈初仗节
> 心随朗日高，志与秋霜洁。

虽然唐太宗的即位，是经历了“杀戮手足，逼退父亲”的残酷宫廷斗争，但大权在握后，他并未忘记年少时“心高志洁”的初衷。有一次，某位大臣建议他以权术试探臣子的忠贞，被他训斥了一顿。唐太宗说：“朕常以魏武帝（指曹操）多诡诈，深鄙其为人。”其实，能保有年少时高尚的情操，对唐太宗保持长期绩效不坠，有极大帮助。

是啊！我多么盼望看见一群“心高志洁”的年轻人，在各行各业中追逐梦想、创造价值，打造一个共荣互利的产业生态。然后，期盼他们也拥有美第奇家族的品位与慷慨，把由商业中累积而来的财富，转变成滋润人心、提升人性的艺术与文化。毕竟，一个没有商业的人生是活不下去的，而一个只有商业的人生是不值得活的。

参考数据

吴兢，葛景春、张弦生注译，《贞观政要》，中州古籍出版社，2005 年。

谢辞

阿诺河的倒影

阿诺河发源于意大利中部山区，由比萨出海，全长240公里，把佛罗伦萨切割成南北两区，是古城的生命之河。在跨越阿诺河的诸多桥梁中，以历史最悠久的老桥最著名。但我不喜欢老桥游客拥挤不堪的嘈杂，反倒最钟爱老桥旁边的圣三一桥（Ponte Santa Trinita）。

建于1569年，圣三一桥在阿诺河上倒映出一道简洁优雅的弧线，是全世界最古老的椭圆形拱桥（elliptical arch bridge）。而这条弧线的灵感，来自米开朗基罗为罗伦佐·美第奇（Lorenzo di Piero de' Medici, 1492–1519）设计的陵墓雕像。圣三一桥由著名建筑师阿曼纳提（Bartolomeo Ammanati, 1511–1592）负责设计。当他看见罗伦佐陵墓雕像中承载清晨之神（Dawn，右边的女性雕像）与黄昏之神（Dusk，左边的男性雕像）的美丽弧线时，心中

米开朗基罗为罗伦佐・美第奇设计的陵墓雕像

大受感动。阿曼纳提再加上一段连结清晨与黄昏之神的线条，就变成一条跨越阿尔诺河的主要桥梁，足以和旁边的老桥相媲美；这也是他对米开朗基罗所献上的最崇高敬意。

我喜欢在圣三一桥上，遥望卡尔米内圣母教堂（Santa Maria del Carmine）高耸的钟塔。15 世纪时，这座教堂是年轻艺术家学艺的圣地。当时的艺术家，狂热于追求技术上的突破。最早的突破，是乔托（详见第 4 章讨论）利用线性透视法创造的 3D 三维效果。接着，艺术家们希望再加强情绪的感染力。1426 年，年轻的画家马萨乔（Masaccio，1401–1428），在此处画了一幅描写亚当与夏娃被赶出伊甸园的壁画。马萨乔欧利用简单的光影与颜色，生动地传达出亚当与夏娃羞愧难当的神情，在当时造成轰动。年轻时的米开朗基罗，经常与同伴一起在这幅壁画下面，揣摩、争论艺术表现的技巧。米开朗基罗因为技冠群雄，经常会不留情面地批评同辈；有次他惹恼了同行的托利贾尼（Pietro Torrigiano，1472–1528），他用力一拳把米开朗基罗的鼻子给打歪，令其终生无法恢复原状。

这就是佛罗伦萨，新与旧、凡人与大师、艺术与科学互相激荡，创造出动人的作品。其实，佛罗伦萨就相当于今日的美国硅谷，充满了年轻人的梦想、争辩与热切的实践。能完成这本书，我要感谢历史上这些执着于创造美好事物的前辈。

我要感谢陈明哲教授用“惟精惟一，允执厥中”这句话，把《尚书》重新带入我的思辨中，并无私的分享他在动态竞争策略与“文化双融”上的创见。接着，我要特别感谢两位替我撰写推荐序的长辈。许士军老师已经是第四度为我写序，鼓励学生的盛情令我万分感动；施振荣先生是我在王道经营理念上的启蒙老师，对于提升我思考的深度与广度影响极大。

我对经营管理的浅见，深受三位产业领袖影响。第一位是台达电的荣誉董事长郑崇华，郑先生对环保的热情与使命感、对经营事业的诚信与专注，都令人万分感佩；第二位是信义房屋的周俊吉董事长，周先生对于推动企业伦理的热情与毅力，令我深深感动，他真可以算是孟子“先义而后利”思想的 A+ 弟子；第三位是台积电的张忠谋董事长，张董事长曾到台大管理学院，为 EMBA 校友讲了九个小时的经营管理之道。我有幸列席旁听，真是受益匪浅。

我也要感谢台达电海英俊董事长与郑平执行长对我的许多协助与指教。此外，王品集团戴胜益董事长在企业文化议题上，有许多真知灼见，感谢他的分享与启发。2012 年 5 月，台大 EMBA 的罗美浩同学替我安排了一趟意大利摩德纳（Modena）省的瓷砖产业聚落参访。为了让我更加深入产业，美浩还特别从台湾飞到意大利为我导览，盛情感人。

我要感谢时报出版的编辑团队：董事长兼总经理赵政岷、总编辑余宜芳、主编陈盈华、编辑林贞娴、营销企划杨龄媛、美术设计陈文德。感谢我的助理刘乃荧，协助收集企业个案与进行财报分析。当然，我更要特别感谢为我提供最佳佛罗伦萨本地支持的美龄与麟强。

现在的佛罗伦萨，已经被嘈杂的观光客挤爆。婉菁和我很幸运，住在佛罗伦萨“名店街”旁一条安静的小巷子里，有着闹中取静的享受。在佛罗伦萨，让我们在喧嚣中维持身心平衡的，是每天沿着阿尔诺河的散步。出了家门，很快就会到达著名国际品牌 Salvatore Ferragamo 总店。这栋大楼，原来是 13 世纪最有权势的布商工会会馆。除了展售产品外，总店里还有一个赏心悦目的女鞋博物馆。离开博物馆，走几步路就到了阿尔诺河河边；沿着河岸再走个 20 分钟，就会离开古城区，来到一个观光客极少造访的公园——卡西纳（Parco delle Cascine）。

卡西纳原本是美第奇家族私人的狩猎场和马厩，目前是一座市立公园，沿着阿尔诺河笔直延伸约 5 公里。其间，有大片高大的树木，多座优雅的喷泉，和好几个长满绿草的足球场。在公园内一来一回，起码要走一个半小时。在这个以观光为主的都市中，能拥有这偌大的绿荫，真是一种天大的奢侈。在卡西纳公园的尽头，阿尔诺河向西转向比萨，准备出海。每次经

阿尔诺河畔与设计灵感来自罗伦佐·美第奇陵墓雕像的圣三一桥　By Giorgio Galeotti@flickr [CC BY-SA 2.0]

过，那里总是人迹稀少，有一种海角天边的孤寂感。我们回首遥望，古城退得很远，教堂变得很模糊，红与白揉出托斯卡纳特有的蓝天，美的不太真实。

本书的创作过程其实并不浪漫。婉菁经常要陪我在乌菲齐待上四五个小时，站到疲惫不堪。而更难的功课，是在每一次的漫步中，倾听我对艺术连结管理的论述，挑战我提出的观点。婉菁对艺术细腻的感受力，对于美或不美丰富的直观，成为我发展本书思想与案例最重要的帮手。十年前，我曾说过要献给她一串珍珠项链，当时，不知道每一颗珍珠，居然代表这么多因为写作带给她的寂寞。如今，这是我的第五颗珍珠，谨献给我灵魂上的伴侣婉菁。